LA MAGIE DE LA LUNE

Rachel Patterson

LA MAGIE DE LA LUNE

Traduit par Hervé Solarczyk

2019

Éditions Danaé

Biographie de l'auteure

Qui suis-je ?

Mon nom dans l'Art est Tansy Firedragon, et je suis sorcière depuis maintenant bien des années. J'ai étudié de nombreux domaines de l'Art en me servant de livres, de documents sur internet, d'écoles, et en étudiant avec des mentors merveilleux comme Janet Farrar et Gavin Bone. J'ai passé les premier, deuxième et troisième Degrés de la Wicca.

Je suis Grande Prêtresse de mon propre coven que je dirige avec mes merveilleuses sœurs dans l'Art, The Kitchen Witch Coven of Natural Witchery (le Coven de Sorcellerie naturelle des Sorcières de Cuisine), qui me permet de participer à de nombreux rituels en extérieur dans des endroits sacrés merveilleux au Royaume-Uni. Nous organisons aussi des ateliers localement.

Mon site internet : www.rachelpatterson.co.uk

Mon blog personnel : www.tansyfiredragon.blogspot.co.uk

Email : tansyfiredragon@yahoo.com

Je suis cofondatrice et membre de l'équipe d'administration du site Kitchen Witch School of Natural Witchcraft ; nous avons une page Facebook et un blog.

www.kitchenwitchhearth.com

www.kitchenwitchhearth.wix.com/coven

www.kitchenwitchuk.blogspot.co.uk

www.facebook.com/kitchenwitchuk

Mon Art est une combinaison de l'ancienne religion sorcière, de Wicca, de sorcellerie de cuisine, de sorcellerie verte et de hoodoo. J'ai le cœur d'une sorcière de cuisine. J'ai la chance d'avoir un mari merveilleux que je remercie pour son soutien, de beaux enfants, une famille extraordinaire et de bons amis. Je remercie tout particulièrement mes sœurs dans l'Art, Tracey et Lesley, qui sont les meilleures amies qu'une sorcière peut avoir. Merci à toi, Lesley, non seulement d'avoir écrit le poème qui ouvre ce livre, mais aussi d'avoir partagé ta version de la Charge de la Déesse.

Ne vous laissez pas abuser par sa taille ; ce petit livre est rempli de trésors. La Magie de la Lune est riche d'informations utiles et d'activités pratiques, et il vous offre une approche claire et directe des traditions liées à la lune. Rachel Patterson guide le lecteur au travers des aspects pratiques des rituels, des sorts et des méditations basés sur la lune, abordant de nombreux sujets, dont les correspondances des phases de la lune, l'astrologie et le tarot. Les recettes d'huiles, d'encens et de sels de bains ajoutent profondeur et fonctionnalité à un livre facile à lire, qui ne restera jamais longtemps à dormir sur une étagère ; si vous avez la chance d'en posséder un exemplaire, vous tournerez bien souvent ses pages pour trouver des références sur chacune des phases de la lune.

Laura Perry, auteure de *Ariadne's Thread: Awakening the Wonders of the Ancient Minoans in Our Modern Lives*

La Magie de la Lune est un véritable trésor de traditions et de méditations spirituelles qui devrait être en première position de la liste de lecture de tout magicien qui travaille avec les planètes.

David Salisbury, auteur de *The Deep Heart of Witchcraft*

Dans ce merveilleux petit livre, Rachel Patterson a distillé l'essence de tout ce qui est en rapport avec la lune. Informations sur les phases de la lune, rituels, recettes, méditations, divinités, animaux de pouvoir, signes, symboles, charmes, sorts, divination : tout cela, et bien d'autres choses, est niché au cœur de ses pages, et on y sent l'amour de l'auteure pour la lune et la magie lunaire. C'est un délice pour tous ceux qui, en regardant la lune, se demandent comment travailler avec son immense pouvoir.

Yvonne Ryves, auteure de *Shaman Pathways Web of Life*

Éditions Alliance Magique
72, rue Riquet
Bât. C
31000 TOULOUSE
FRANCE

www.alliance-magique.com

Retrouvez-nous sur les réseaux sociaux
Facebook @Alliance.Magique
Twitter @AllianceMagique
Instagram @alliancemagique

Traduction : Hervé Solarczyk
Couverture : Sandrine Pennard
Mise en page : Clara Soupart
Titre original : Moon Magic

ISBN : 979-10-94876-41-1
Dépôt légal : 2e trimestre 2019

SOMMAIRE

La Lune 9
La Lune : Introduction 11
Un – Esbats 13
Deux – Nouvelle lune 15
Trois – Lune croissante 25
Quatre – Pleine lune 35
Cinq – Lune décroissante 47
Six – Lune sombre/balsamique 57
Sept – Lune bleue, Lune rouge et Éclipses 65
Huit – Journaux de la lune et période de la lune 69
Neuf – La Lune au fil des saisons 71
Dix – La Triple Déesse 73
Onze – Les noms de la Lune 77
Douze – Calendrier celtique des arbres 81
Treize – Divinités lunaires 85
Quatorze – Magie en l'honneur de la Lune 93
Quinze – Faire descendre la Lune 99
Seize – Signes astrologiques de la Lune 103
Dix-sept – Symboles de la Lune 113
Dix-huit – La Lune à la maison 115
Dix-neuf – Jardiner avec la Lune 117

Vingt – Cordons de Lune 121
Vingt et un – Charmes lunaires 123
Vingt-deux – Divination lunaire 127
Vingt-trois – Fées, anges et loups-garous 131
Vingt-quatre – Bricoler avec la lune 133
Vingt-cinq – La carte de tarot de la Lune 135
Et pour finir… 139
Bibliographie 141

LA LUNE

Poème par Lesley Lightbody

Silvery light from the bright full moon
Shining down, illuminates the room
Goddess in her Mother guise
Shines like a beacon in the skies

Soft the light shining from above
Like the wings on a pure white dove
Filled with hope and promise to come
Silvery light brings me home

Waxing, Waning, Full or New
The Goddess shines upon me and you
Illuminating our Path so bright
Follow the Moon and all is right

La pleine lune envoie sa lumière argentée,
Descendue des hauteurs, illuminer la pièce ;
Déesse, incarnation de la maternité,
Elle est comme un fanal suspendu dans le ciel.

Resplendissante et douce, elle veille sur nous,
Blanche et pure colombe aux ailes déployées ;
Tout emplie de promesse et d'espoirs à venir,
Sa lumière argentée nous montre le chemin.

Elle croît et décroît, elle est pleine ou nouvelle,
La Déesse, la lune, illumine la nuit ;
Elle brille sur toi, elle brille sur moi,
Elle montre la voie qui nous mène à la paix.

LA LUNE – INTRODUCTION

La Lune est si belle dans le ciel ; elle est pleine de mystère et de secrets, mais aussi d'un immense pouvoir. Dans toute l'histoire, on l'a vue comme associée de près à l'occulte et aux enchanteurs, aux magiciens et aux sorciers. On trouve de nombreuses images d'un loup hurlant à la lune, et de sorcières passant devant la lune, à cheval sur leur balai.

Elle figure en bonne place dans toutes sortes de voies païennes, et elle joue un rôle très important dans toutes les formes de magie.

Observer la Lune, et travailler avec elle et avec ses phases, est l'un des moyens par lesquels nous pouvons nous mettre en phase avec l'ici et maintenant de l'univers qui nous entoure, et apprendre à suivre les flux d'énergie de sa course. Travailler avec les phases de la Lune nous aide aussi à comprendre notre corps, ainsi que nos pensées, nos sentiments et nos émotions. La Lune contrôle les marées des océans ; elle est donc tout à fait en rapport avec nos émotions, qui sont liées à l'élément Eau.

Dans ce livre, j'espère avoir entrouvert les portes de ses mystères, et avoir pu vous donner les moyens de travailler avec ses phases et de puiser sa puissante énergie.

Nous allons commencer par les bases du cycle lunaire, les représentations et les correspondances de chaque phase, quelle magie pratiquer avec elles et quand. Nous aborderons aussi l'année lunaire, les divinités lunaires, les sorts de la Lune, des méditations et des rituels lunaires spécifiques, les noms de la Lune, les lunes des arbres et des recettes en rapport avec la Lune.

Avant de pratiquer des sorts et des rites, il est bon de méditer sur ce que vous essayez d'accomplir et comment. Il faut aussi réfléchir à la phase de la Lune. On peut toujours faire des adaptations ; par exemple, un sort de guérison en lune décroissante peut se concentrer sur bannir la maladie, tandis qu'en lune croissante, il vaudrait mieux visualiser le bien-être.

Je suis intentionnellement restée simple dans la formulation des rituels, mais vous pouvez les personnaliser en y ajoutant des paroles, des divinités et des bénédictions ; ils sont là pour vous donner un cadre de départ.

Vous trouverez plusieurs sorts dans ce livre ; vous pouvez les utiliser tels quels, ou faire appel à votre instinct et à votre intuition pour les adapter à ce qui vous convient, et y ajouter votre touche personnelle. Pour tout sort, ce qui compte le plus, c'est votre intention. Une bonne visualisation, des indications claires et une bonne concentration rendront votre sort puissant. Faites très attention à votre formulation et à vos souhaits, et assurez-vous d'avoir déclaré très clairement votre intention, car les sorts ont coutume de fonctionner de façon extrêmement inattendue.

Faites attention aussi en travaillant avec des huiles essentielles, testez-les toujours sur votre peau au préalable. Si vous êtes enceinte, je vous conseille de vous passer complètement d'huiles essentielles, sauf si vous demandez d'abord conseil à un professionnel.

UN – ESBATS

« Esbat » est l'ancienne orthographe du mot français « ébat », qui désigne une célébration joyeuse, et qui convient tout à fait à cette cérémonie. On se sert en général aujourd'hui du mot esbat pour parler d'une réunion de personnes qui partagent les mêmes idées, pour célébrer les phases de la Lune par un rituel et/ou un sort. Il n'a pas à se produire lors d'une pleine lune ou d'une nouvelle lune, on peut en organiser un pour n'importe laquelle de ses phases, ou pour un alignement planétaire ; et il peut aussi comprendre des enseignements, des leçons ou une forme d'entraînement.

Le cycle lunaire

Nous devons d'abord comprendre les bases du cycle lunaire ; voici donc la partie technique. La Lune a plusieurs cycles, mais le plus évident, et celui qui nous intéresse le plus, c'est celui des phases de la Lune.

La Lune reflète la lumière du Soleil. Bien que, dans une perspective plus subtile, il soit évident que la lumière de la Lune a des propriétés spéciales, en fait, la Lune elle-même n'émet aucune lumière.

Les phases de la Lune sont provoquées par la modification de la manière dont la Lune reflète la lumière du Soleil, en fonction de la relation changeante entre la Terre, la Lune et le Soleil.

Les phases de la Lune sont les mêmes partout sur Terre. Quand on voit la pleine lune en France, on voit la même pleine lune en Australie, en Chine et aux États-Unis.

Le passage d'une nouvelle lune à la suivante prend environ 29 jours et demi. Le cycle des phases s'appelle le mois synodique et sa durée peut varier jusqu'à treize heures en raison de l'excentricité de l'orbite de la Lune autour de la Terre.

Comme il y a 365 jours dans une année, la plupart des années ont treize nouvelles lunes ou treize pleines lunes, mais jamais les deux. De temps à autre, une année n'a que douze de chaque.

On peut diviser et subdiviser le cycle lunaire de diverses manières, parce que c'est un cycle, et les différentes parties du cycle se fondent naturellement les unes dans les autres.

On divise habituellement le cycle lunaire en quatre parties : nouvelle lune, lune croissante, pleine lune et lune décroissante ; ou en huit, en y ajoutant le dernier croissant (ou lune balsamique), la lune gibbeuse décroissante (ou disséminatrice), la lune gibbeuse croissante et le premier croissant.

Dans ces subdivisions, il y a une variation continuelle, car les énergies impliquées Sont perpétuellement en mouvement, croissant et décroissant.

Pourquoi essayons-nous de faire correspondre nos opérations aux phases de la Lune ? C'est parce qu'ainsi, elles acquièrent plus de pouvoir.

DEUX – NOUVELLE LUNE

On considère que la nouvelle lune s'étend jusqu'à trois jours et demi après la nouvelle lune officielle. Elle se lève aux environs de l'aube et se couche aux environs du coucher du soleil. Parce qu'elle est entre le Soleil et la Terre, elle ne reflète presque aucune lumière, et pendant quelques jours, elle est perdue dans le rayonnement du Soleil. Quand nous ne voyons pas la Lune dans le ciel, après la lune décroissante et avant qu'on aperçoive le premier signe de la lune du premier croissant, on parle souvent de lune sombre (voir les chapitres suivants pour plus de détails).

Comme la Lune et le Soleil sont du même côté de la Terre, ils exercent sur nous leur plus forte attraction. Parce que le Soleil, la Lune et la Terre sont alignés, à ce moment-là les marées sont plus fortes que d'habitude, et l'écart est plus grand entre marée haute et marée basse.

C'est un moment merveilleux pour travailler sur toutes sortes de nouveaux commencements. Il est particulièrement utile pour se débarrasser des mauvaises habitudes. On peut aussi, à ce moment-là, laisser aller les manières de penser habituelles nuisibles ou négatives. C'est aussi un bon moment pour commencer une activité créatrice. On peut aussi lancer de nouveaux projets au travail.

En fait, le premier jour de la nouvelle lune est le meilleur pour planifier une entreprise. Vous pouvez vous sentir juste un peu excité et rempli d'anticipation, mais votre énergie n'est peut-être pas à son plus haut niveau. Un jour ou deux plus loin dans le cycle lunaire, c'est le bon moment pour prendre l'initiative, postuler pour un emploi, commencer à chercher une maison, ou autres activités semblables. C'est aussi un bon moment pour attirer des énergies positives, provoquer des changements, attirer la chance et favoriser la croissance.

Couleurs de la nouvelle lune

Vert, blanc, orange et rouge.

Plantes, huiles et ingrédients pour encens de la nouvelle lune

Santal, oliban, copal, myrrhe, rose, safran, foin odorant, bruyère, patchouli, cannelle, lavande, verveine, noisetier des sorcières, jasmin, cardamome, cyprès, gingembre, muscade, orange, camomille et citron.

Cristaux de la nouvelle lune

Grenat, pétalite, saphir, quartz, labradorite, cornaline, charoïte, péridot et phénakite.

Recette d'huile de la nouvelle lune

- 4 gouttes d'huile essentielle de patchouli ;
- 3 gouttes d'huile essentielle de cèdre ;
- 4 gouttes d'huile essentielle d'orange douce ;

Ajoutez à une huile de base comme l'huile d'amande douce ou l'huile de pépins de raisin (environ 15 ml d'huile porteuse devraient suffire).

Recette d'encens de nouvelle lune

- 2 parties de résine de copal ;
- 2 parties de santal ;

- 1 partie de pétales de rose séchés ;
- Quelques gouttes d'huile essentielle de myrrhe.

Méditation de la nouvelle lune

Détendez-vous et mettez-vous à l'aise. Fermez les yeux et concentrez-vous sur votre respiration. Inspirez profondément… Expirez profondément… Visualisez le monde réel disparaître.

Le monde s'efface autour de vous, et vous vous retrouvez sur une haute falaise ; derrière vous, une aire énorme, le nid d'un d'aigle. Il y a une brise légère, un beau ciel bleu et le soleil brille.

Vous vous retournez pour faire face à l'aigle et vous vous reliez mentalement à son subconscient… Demandez-lui de vous montrer les chemins et les opportunités qui vous sont disponibles.

L'aigle se dresse et étend ses vastes ailes et vous comprenez qu'il vous invite à voler avec lui. Prenez un moment pour vous transformer peu à peu en aigle. Commencez par les pieds, en les transformant en serres… puis étendez les bras, et sentez des plumes s'y former… vos doigts changer … puis votre tête prenant peu à peu la forme d'un bec… vous vous sentez progressivement plus à l'aise dans votre forme d'aigle.

Une légère brise vous ébouriffe les plumes, et votre compagnon aigle s'apprête à s'envoler. Vous êtes tous deux perchés au bord de la falaise. Soudain, l'aigle prend son essor… il s'élance dans les cieux… vous prenez une profonde inspiration… et vous bondissez…

Vous sentez l'air en dessous de vous, vous le sentez fouetter vos plumes comme vous glissez le long des courants aériens…

L'aigle s'élève dans les cieux, et vous le suivez…

En volant, prenez un moment pour regarder en bas, admirer le paysage qui défile en dessous. Ce que vous verrez vous aidera à comprendre les choix et les chemins qui s'offrent à vous.

Progressivement, l'aigle vous ramène à son aire.

Vous atterrissez en toute sécurité, euphorique et la tête pleine d'idées et de plans.

À ce stade, il se peut que l'aigle vous donne un message…

Quand vous serez prêt, reprenez lentement votre propre forme.

Puis, graduellement, revenez à cette réalité, tapez du pied sur le sol, et faites bouger vos doigts.

Rituel de la nouvelle lune

Matériel nécessaire :

- Une petite bougie blanche ordinaire, habillée d'huile de sauge (ou d'huile d'olive ou d'amande, puis roulée dans des feuilles de sauge écrasées) ;
- Un but que vous souhaitez atteindre ; inutile que ce soit quelque chose d'extraordinaire.

Tracez le cercle en disant :

Vierge trace ce cercle blanc,

Libre de toute ombre, pur et brillant.

Mère trace ce cercle rouge,

Éloigne toute négativité de nous.

Vieille femme, trace ce cercle noir,

Accorde-nous tout le savoir.

Ce cercle imbrisé est maintenant tracé.

Appelez les quartiers en disant :

J'appelle l'est et l'élément Air, vous qui êtes brume et nuage, brise fraîche et ouragan sauvage ; Esprit du Faucon, Esprit des Sylphes, entendez-moi, apportez dans ces rites purification et clarté, balayez au loin toute stagnation. Soyez bénis et bienvenue !

J'appelle le sud et l'Élément Feu, vous qui êtes le pétillement du feu, le soleil doré et la lave rougeoyante ; Esprit du Phénix, Esprit des Danseurs des Flammes, entendez-moi, apportez dans ces rites votre esprit de créativité et de passion. Soyez bénis et bienvenue !

J'appelle l'ouest et l'Élément Eau, vous qui êtes les ondines des rivières, les sirènes de l'océan aux vagues mouvantes et les naïades des grottes, venez à moi. Esprit du requin, entends-moi ; apportez dans ces rites votre intuition la plus profonde et vos émotions les plus vraies, enseignez-moi à être souple, à m'adapter et à couler comme vos eaux. Soyez bénis et bienvenue !

J'appelle le nord et l'Élément Terre, vous qui êtes os et cristal, arbre, racine et branche ; Esprit du Loup, Esprit du Gnome, je vous appelle. Apportez dans ces rites votre esprit de prospérité, de stabilité et de manifestation. Soyez bénis et bienvenue !

Invocation à la divinité. Dites :

J'appelle Vesta, déesse du Foyer et de sa flamme sacrée, joins-toi à ce rite aujourd'hui, et apporte avec toi inspiration et passion. Sois bénie et bienvenue !

C'est la nouvelle lune, tout est calme, mais il y a quelque chose dans l'air, une sensation d'excitation, un surcroît d'énergie et de croissance, un nouveau potentiel, de nouvelles idées et de nouvelles opportunités. L'énergie de la nouvelle lune vous guidera vers vos objectifs ; tout ce qu'il vous fait, c'est proposer vos idées et les faire avancer. Les possibilités sont infinies.

Regardez au-dedans de vous et trouvez-y le commencement de nouvelles idées ; soyez prêt à les mettre en application.

Maintenant, prenez la bougie blanche en main et, en l'allumant, répétez-vous intérieurement ce que vous voulez accomplir. Il n'est pas nécessaire qu'il s'agisse d'un plan à long terme ; il peut s'agir de quelque chose de très simple et de très basique.

Lorsque votre bougie brûle bien, asseyez-vous tranquillement et regardez la flamme. Voyez comment elle s'élève et danse ; tant de vie, tant de potentiel. Demandez à voix haute à Vesta de vous apporter de nouvelles idées et de nouvelles opportunités. Restez un moment à méditer tranquillement, et laissez les idées venir à vous…

Si possible, laissez la bougie brûler entièrement (en toute sécurité).

Remerciez les quartiers en disant :

Gardiens de l'Élément Terre, je vous remercie pour votre présence dans ce rite, je vous bénis et vous dis adieu.

Gardiens de l'Élément Eau, je vous remercie pour votre présence dans ce rite, je vous bénis et vous dis adieu.

Gardiens de l'Élément Feu, je vous remercie pour votre présence dans ce rite, je vous bénis et vous dis adieu.

Gardiens de l'Élément Air, je vous remercie pour votre présence dans ce rite, je vous bénis et vous dis adieu.

Remerciez la divinité en disant :

Vesta, déesse du Foyer et de sa flamme sacrée, je te remercie pour ta présence dans ce rite, puisse la flamme de ton inspiration demeurer avec moi. Sois bénie et adieu.

Ouvrez le cercle en tournant autour dans le sens anti-horaire et dites :

Ce cercle est ouvert mais jamais brisé.

Sorts de nouvelle lune

À chaque nouvelle lune, j'aime bien me faire un chèque à moi-même. Je le fais à mon ordre, et j'écris « règlement effectué » dans la case du montant, puis je le signe au nom de « la loi de l'abondance ». Je plie le chèque en trois et je fais tomber dessus trois gouttes d'huile essentielle de menthe poivrée après l'avoir posé au fond d'une soucoupe que je garde sur mon autel. Ensuite, je le saupoudre de menthe séchée et je pose par-dessus trois bâtons de cannelle. C'est un excellent moyen d'assurer des rentrées d'argent continues.

Au tout premier signe de la nouvelle lune, au moindre petit arc de lumière que vous voyez, sortez et levez les yeux. Tournez trois fois *deosil* (dans le sens solaire, ou horaire) et faites un vœu à la nouvelle lune.

Sort de nouvelle lune pour un nouvel emploi

Si vous avez décidé qu'il vous faut un nouvel emploi, lancez ce sort la première nuit de la nouvelle lune.

Matériel nécessaire :

- Deux bougies brunes (pour représenter votre emploi) ;
- Une bougie verte (pour la prospérité) ;
- Une autre bougie de la couleur de votre choix (pour vous représenter) ;
- Huile de cannelle ;
- Un talisman (il peut s'agir d'un pendentif, d'un caillou, d'un coquillage ou de tout ce que vous souhaitez).

Mettez l'une des bougies brunes au centre de votre autel avec la bougie verte à sa droite et votre bougie personnelle à sa gauche. Mettez une peu d'huile de cannelle sur chaque bougie.

Allumez la bougie personnelle et visualisez-vous dans l'emploi que vous aimeriez avoir. Ensuite, allumez la bougie verte et visualisez-vous gagner assez d'argent pour vos besoins. Allumez la bougie brune et visualisez l'entreprise pour laquelle vous voudriez travailler.

Laissez les bougies brûler entièrement, et envoyez vos remerciements à la déesse, au dieu, ou au divin.

Les six soirs suivants, allumez la seconde bougie brune, et laissez-la brûler pendant six minutes à chaque fois, en visualisant votre but.

À la fin des six nuits, s'il vous reste encore un peu de la bougie brune, enterrez-le.

Charme de chance

L'un des charmes les plus faciles à utiliser pour la chance est une pierre de sorcière (une pierre trouée). On en trouve souvent sur les plages et dans le lit des rivières. Laissez la pierre à l'extérieur une nuit de lune croissante, puis enfilez un ruban ou un cordon vert par le trou, et portez-le en pendentif, ou suspendez-le à votre sac à main, à votre autel ou dans votre voiture, pour qu'il vous porte chance.

Sort pour économiser de l'argent

Tout le monde aimerait probablement avoir un peu d'argent en plus de temps en temps, sur un compte épargne pour les urgences. Les sorts d'argent fonctionnent toujours mieux si on a vraiment besoin d'argent pour couvrir les dépenses de base, ou des besoins essentiels spécifiques, plutôt que si on veut simplement des tonnes d'argent pour se livrer à des dépenses frivoles !

Matériel nécessaire :

- Trois pièces d'or ou d'argent ;
- Une enveloppe verte, ou un morceau de papier vert ;
- Du fil d'or ou d'argent ;
- De l'eau de lune (l'eau de pluie fonctionne bien également).

Tenez les pièces en main, et visualisez-vous avec l'argent qu'il vous faut pour vivre, ou en train d'acheter un objet essentiel dont vous avez besoin, ou que vous devez remplacer.

Quand vous êtes prêt, mettez les pièces dans l'enveloppe, ou enveloppez-les dans le morceau de papier, et entourez le tout sept fois avec le fil d'or ou d'argent, tout en visualisant votre but.

Envoyez votre souhait et vos remerciements par avance au divin, puis nouez le fil de trois nœuds. Ensuite, vous devrez enterrer le paquet de pièces, quelque part dans votre jardin (ou dans un pot de fleurs sur votre appui de fenêtre) où il sera frappé par la lumière de la Lune. Aspergez l'endroit où vous l'avez enterré avec l'eau.

TROIS – LUNE CROISSANTE

La phase lunaire du premier croissant va de trois jours et demi à sept jours après la nouvelle lune. La Lune se lève au milieu de la matinée et se couche dans la soirée. La lumière de la Lune est en augmentation. Comme la Lune a maintenant reculé à 1/8 de son éloignement maximal du Soleil, nous la voyons apparaître sous la forme d'un croissant lumineux.

Vous verrez la phase du premier quartier de sept à dix jours et demi après la nouvelle lune. Elle se lèvera vers midi et se couchera vers minuit.

Comme la Lune fait un angle droit par rapport au Soleil, il y a moins de différence entre marée haute et marée basse. Parce que lumière et ombre sont équilibrées, la Lune apparaît sous la forme d'une demi-lune, mais sa partie lumineuse va continuer de croître chaque jour.

La phase de la lune gibbeuse croissante se produit entre dix jours et demi et quatorze jours après la nouvelle lune. La Lune se lève vers le milieu de l'après-midi et se couche aux heures sombres qui précèdent l'aube.

Comme la Lune est maintenant aux 3/8 de son éloignement maximal du Soleil, et approche de son opposition, on en voit largement plus d'une moitié et la lumière progresse de plus en plus sur l'autre moitié, mais ne remplit pas encore toute sa face.

Maintenant, vos projets peuvent vraiment démarrer. Mais n'oubliez pas que des surcharges sont encore possibles, et que le corps absorbe et assimile les choses plus facilement en lune croissante.

C'est aussi un bon moment pour vous remettre si vous avez été malade ou pas très en forme. Il est maintenant crucial de stimuler votre énergie et de faire des réserves. Prenez des vacances actives, appelez vos amis, prévoyez une petite fête, organisez des rencontres et communiquez davantage.

À l'approche de la pleine lune, remarquez ce qui ne fonctionne pas et changez-le pour mieux concentrer vos énergies. Rappelez-vous de ralentir un peu et d'économiser vos forces. C'est un moment de régénération où l'on peut réunir des informations et des ressources.

Couleurs de la lune croissante

Blanc, couleurs pastel, rouge et argent.

Plantes, huiles et ingrédients pour encens de la lune croissante

Coriandre, géranium, genévrier, marjolaine, muscade, millepertuis, tanaisie, thym, carvi, macis, romarin, rue, menthe verte, laurier, œillet, armoise, menthe pouliot, safran, eucalyptus, cèdre, jacinthe, gingembre, pin, santal, cannelle et pois de senteur.

Cristaux de la lune croissante

Cornaline, citrine, aragonite, aventurine verte, malachite, rubis et agate rubanée.

Recette d'huile de la lune croissante

- 6 gouttes d'huile essentielle de lavande ;
- 3 gouttes d'huile essentielle de basilic ;
- 2 gouttes d'huile essentielle de pin ;
- 1 goutte d'huile essentielle de muscade ;

Ajoutez à une huile de base comme de l'huile d'amande douce ou de l'huile de pépins de raisin (environ 15 ml d'huile porteuse devraient suffire).

Recette d'encens de la lune croissante

- 2 parties de genévrier ;
- 2 parties de cèdre ;
- 1 partie de pin ;
- 1 partie d'eucalyptus.

Méditation de la lune croissante

Détendez-vous et mettez-vous à l'aise. Fermez les yeux et concentrez-vous sur votre respiration. Inspirez profondément… Expirez profondément… Visualisez le monde réel disparaître.

Le monde s'efface autour de vous, et vous vous retrouvez au pied d'une colline ; l'herbe est verte sous vos pieds, et vous sentez sur votre visage la caresse d'une douce brise.

L'herbe luxuriante est parsemée de pâquerettes blanches et vous pouvez sentir leur douce odeur dans l'air.

Un étroit sentier monte la colline devant vous, tournant et retournant, progressant en spirale jusqu'au sommet ; vous décidez de le suivre.

Comme vous suivez le sentier sinueux, à chaque pas, vous vous libérez un peu plus du stress et des soucis que vous portez en vous…

Regardez le paysage ; que voyez-vous ? Quels sons entendez-vous ? Cherchez des signes de vie sur votre chemin.

En marchant, prenez de profondes respirations de cet air rafraîchissant et purificateur. Continuez de monter le long du sentier, d'aller toujours plus haut.

Arrivé au sommet de la colline, vous vous allongez sur le dos dans l'herbe et vous regardez le ciel. Regardez les nuages blancs qui s'effilochent en flottant dans le ciel bleu. Quelles formes voyez-vous ?

Au loin, vous voyez un nuage plus sombre, et vous vous rendez compte que, dans la vallée en face, il y a une petite averse ; mais sur votre colline, le soleil brille encore. Après un petit moment, vous voyez apparaître un bel arc-en-ciel.

Allongé sur le sommet de la colline, puisez dans cet arc-en-ciel une énergie revigorante ; c'est un don de Mère Nature et elle est heureuse de le partager avec vous. Prenez autant d'énergie qu'il vous faut.

Quand vous êtes prêt, levez-vous et regardez longuement le paysage qui vous entoure.

Ensuite, commencez à redescendre la colline, en suivant lentement le sentier qui descend en spirale, jusqu'à atteindre le bas de la colline.

Remerciez Mère Nature et revenez à cette réalité. Tapez du pied sur le sol et faites bouger vos doigts.

Rituel de la lune croissante

Matériel nécessaire :

- Deux bougies bleu clair, une blanche ;
- Du romarin ;
- Un morceau de papier ;
- Une pierre roulée de quartz.

Tracez le cercle en disant :

Vierge trace ce cercle blanc,

Libre de toute ombre, pur et brillant.

Mère trace ce cercle rouge,

Éloigne toute négativité de nous.

Vieille femme, trace ce cercle noir,

Accorde-nous tout le savoir.

Ce cercle imbrisé est maintenant tracé.

Appelez les quartiers en disant :

J'appelle l'est et l'élément Air, vous qui êtes brume et nuage, brise fraîche et ouragan sauvage ; Esprit du Faucon, Esprit des Sylphes, entendez-moi, apportez dans ces rites purification et clarté, balayez au loin toute stagnation. Soyez bénis et bienvenue !

J'appelle le sud et l'Élément Feu, vous qui êtes le pétillement du feu, le soleil doré et la lave rougeoyante ; Esprit du Phénix, Esprit des Danseurs des Flammes, entendez-moi, apportez dans ces rites votre esprit de créativité et de passion. Soyez bénis et bienvenue !

J'appelle l'ouest et l'Élément Eau, vous qui êtes les ondines des rivières, les sirènes de l'océan aux vagues mouvantes et les naïades des grottes, venez à moi. Esprit du requin, entends-moi ; apportez dans ces rites votre intuition la plus profonde et vos émotions les plus vraies, enseignez-moi à être souple, à m'adapter et à couler comme vos eaux. Soyez bénis et bienvenue !

J'appelle le nord et l'Élément Terre, vous qui êtes os et cristal, arbre, racine et branche ; Esprit du Loup, Esprit du Gnome, je vous appelle. Apportez dans ces rites votre esprit de prospérité, de stabilité et de manifestation. Soyez bénis et bienvenue !

Invocation à la divinité. Dites :

J'appelle la déesse Athéna, joins-toi à ce rite aujourd'hui et apporte avec toi inspiration et passion. Sois bénie et bienvenue !

C'est le temps de la lune croissante, un temps pour commencer quelque chose, améliorer sa santé, attirer la chance, trouver de nouveaux amis, un nouvel emploi et pour faire des plans pour l'avenir.

Mettez les bougies sur votre autel, devant vous, en demi-cercle, la blanche entre les deux bleues. Mettez le romarin près de la bougie blanche. Écrivez sur le papier le nom de la personne qui a besoin de guérison ou de bonne santé et posez-le au milieu du demi-cercle de bougies. Placez le cristal sur le papier.

Allumez les bougies, puis visualisez la personne en question en bonne santé, heureuse et en forme. Quand vous êtes prêt, envoyez l'énergie de votre visualisation dans le cristal et à travers le papier en dessous.

Vous pouvez maintenant donner le cristal à la personne en question pour qu'elle le porte afin de renforcer sa santé. Vous pouvez enterrer les restes de bougie avec le morceau de papier.

Remerciez les quartiers en disant :

Gardiens de l'Élément Terre, je vous remercie pour votre présence dans ce rite, je vous bénis et vous dis adieu.

Gardiens de l'Élément Eau, je vous remercie pour votre présence dans ce rite, je vous bénis et vous dis adieu.

Gardiens de l'Élément Feu, je vous remercie pour votre présence dans ce rite, je vous bénis et vous dis adieu.

Gardiens de l'Élément Air, je vous remercie pour votre présence dans ce rite, je vous bénis et vous dis adieu.

Remerciez la divinité en disant :

Athéna, déesse du Tissage, je te remercie pour ta présence dans ce rite, puisse la flamme de ton inspiration demeurer avec moi. Sois bénie et adieu.

Ouvrez le cercle en tournant autour dans le sens anti-horaire et dites :

Ce cercle est ouvert mais jamais brisé.

Sort de citron de la lune croissante

Le citron est gouverné par la puissance de la lune et il convient tout à fait pour ce sort.

Prenez un citron qui n'est pas mûr, si possible, puis, enfoncez des aiguilles de couturière (celles qui ont une tête colorée, de préférence) dans le citron. En mettant chaque aiguille dans l'écorce, déclarez votre intention à voix haute ; vous pouvez par exemple enfoncer une aiguille pour la prospérité, la suivante pour le bonheur, la suivante pour la santé… et ainsi de suite. Quand vous avez fini, mettez le citron sur votre autel, ou suspendez-le devant votre porte d'entrée pour apporter à la maison une énergie positive.

Sort de lune croissante pour la santé

Servez-vous d'eucalyptus en lune croissante pour la santé et la guérison ; utilisez l'huile essentielle sur une bougie, ou faites brûler des feuilles d'eucalyptus comme encens ; vous pouvez aussi les ajouter dans un sac médecine.

Sort de lune croissante pour la confiance en soi

Nous avons tous besoin de renforcer notre confiance en nous-même de temps en temps ; essayez donc ce sort.

Il vous faudra :

- Un cristal de malachite ;
- Une bougie blanche ;
- Une bougie verte.

Si vous voulez, vous pouvez décorer votre autel de fleurs blanches et y ajouter quelques brins de persil vert.

Placez la bougie verte et la bougie blanche sur votre autel et asseyez-vous devant. Allumez-les toutes les deux.

Prenez en main le cristal de malachite et demandez à voix haute au Divin qu'il vous aide en vous envoyant du courage, de l'assurance et des dons de communication. Visualisez-vous plein d'assurance. Posez un instant le cristal sur votre bouche pour la bénédiction de la communication, sur vos oreilles pour le pouvoir de l'écoute et de la compréhension, puis sur votre gorge pour les bénédictions de confiance en soi.

Concentrez votre pensée sur les flammes des bougies jusqu'à ce qu'elles s'éteignent, en gardant le cristal en main. Vous pouvez ensuite garder le cristal sur vous, dans une poche, votre porte-monnaie ou votre sac.

Sort de résolution de lune croissante

Parfois, quand nous avons résolu de faire quelque chose, ou de nous tenir à un régime, notre résolution vacille. Ce sort vous aidera à la renforcer.

Matériel nécessaire :

- Une bougie violette ;
- Du fil blanc.

Commencez par entourer le fil de coton trois fois *deosil* (dans le sens horaire) autour de la bougie, à environ un tiers de la hauteur en partant du haut. En même temps, concentrez-vous sur votre respiration, en respirant profondément. En entourant le fil pour la troisième fois, prenez une profonde inspiration et retenez-la en comptant jusqu'à six. Visualisez-vous entouré de lumière violette pour vous donner de la force.

Quand vous êtes prêt, allumez la bougie et concentrez-vous sur la flamme. En même temps, demandez à voix haute la force de vous tenir à votre résolution et l'aide pour rester concentré sur votre tâche. Terminez par les mots « et sans nuire à personne, qu'il en soit ainsi ».

Cookies croissant de lune

De jolis biscuits à fabriquer et à manger pendant (ou après… ou les deux) votre rituel lunaire.

Matériel nécessaire :

- 190 g de farine tout usage ;
- 1 et demie cuillère à café de bicarbonate de soude ;
- 1 et demie cuillère à café de levure chimique ;
- 225 g de beurre ramolli ;
- 375 g de sucre ;
- 1 œuf ;
- 1 cuillère à café d'extrait de vanille.

Préchauffez le four à 180 °C.

Mélangez le beurre et le sucre pour obtenir une texture légère et crémeuse.

Ajoutez l'œuf au beurre et au sucre et mélangez bien.

Dans un autre bol, mélangez la farine, le bicarbonate de soude et la levure chimique.

Puis, ajoutez peu à peu le mélange d'ingrédients secs aux ingrédients humides et mélangez jusqu'à obtenir une pâte.

Farinez vos mains et roulez la pâte pour en faire de petites boules (de la taille d'une balle de golf environ).

Aplatissez chaque boule et donnez-lui la forme d'un croissant. Vous pouvez aussi simplement abaisser la pâte et vous servir d'un emporte-pièce en forme de croissant (vous devrez fariner l'emporte-pièce avant chaque usage afin qu'il ne colle pas).

Faites cuire les biscuits sur une plaque de cuisson non huilée pendant environ dix minutes.

Magie du premier croissant

C'est une magie que l'on pratique quand la Lune se lève vers le milieu de la matinée et se couche après le coucher du soleil. Elle est bonne pour les animaux, les affaires, les changements, les émotions, la puissance matriarcale. Cette phase de la Lune représente le zeste de vie avec l'aide de la stabilité. Elle contribue à apporter courage et optimisme.

Magie de lune gibbeuse

La lune gibbeuse est presque pleine, mais pas tout à fait. La magie de cette phase est bonne pour la patience, la pureté et la protection. Elle crée une atmosphère propice à la méditation et au centrage. Elle peut symboliser l'innocence.

QUATRE – PLEINE LUNE

Environ quinze jours après la nouvelle lune, la pleine lune fait sa première apparition. À ce stade, la Lune est de l'autre côté de la Terre par rapport au Soleil, elle se lève donc autour du coucher du soleil et se couche autour de l'aube.

Le Soleil l'éclaire pleinement et les marées sont à nouveau à leur maximum. Il arrive que certaines personnes sentent le Soleil les tirer dans un sens, et la Lune les tirer dans l'autre, et leur énergie peut leur sembler un peu dispersée.

Organisez une fête ou un dîner, mais n'oubliez pas que le niveau d'énergie sera certainement élevé et que des problèmes risquent de refaire surface. Faites la cuisine et remplissez votre congélateur. Faites surtout attention à vos projets créatifs et à vos rêves.

C'est un bon moment pour essayer des formes de divination comme le *scrying* ou le tarot. Réfléchissez à vos objectifs, à vos sentiments et aux questions touchant les relations et la famille. C'est aussi un bon moment pour les transformations, les capacités psychiques, la force, l'amour, le pouvoir et la fertilité.

La pleine lune est aussi un moment excellent pour nettoyer, purifier et charger vos cristaux. Disposez-les de sorte que la lumière de la lune puisse les toucher ; si vous pouvez le faire en toute sécurité, laissez-les dehors. Sinon, trouvez un appui de fenêtre touché par la lumière de la lune. Ne vous arrêtez pas aux cristaux : vos outils magiques tireront aussi profit d'un bain de pleine lune.

Juste après la pleine lune, c'est le moment d'apporter la dernière touche à ce que vous faisiez, et de vous préparer à la période plus calme qui s'annonce. Admirez des œuvres d'art, profitez de la beauté, écoutez de la musique.

Si vous vous êtes querellé avec quelqu'un, mais que vous avez l'impression que le problème n'était pas d'importance vitale, réconciliez-vous maintenant. Si vous vivez près de la mer, la pleine lune est un moment merveilleux pour aller sur le rivage et faire un petit feu (si c'est légal, et si vous pouvez le faire sans risque). Ramassez de petits morceaux de bois flotté pour faire votre feu et faites un vœu à chaque fois que vous en ajoutez un au feu. Lorsqu'il brûle bien, jetez des offrandes dans les flammes, en guise de dons à la déesse de la Lune, comme des herbes, des fleurs et des feuilles. Asseyez-vous et regardez le feu brûler. Si vous ne vivez pas près de la mer, vous pouvez transformer ceci en une visualisation pour une méditation de pleine lune.

Couleurs de la pleine lune

Bleu, blanc, jaune et orange.

Plantes, huiles et ingrédients pour encens de la pleine lune

Oliban, santal, rose, cèdre, baie de genévrier, hysope, myrte, orange, palissandre, mandarine, arbre à thé, achillée millefeuille et sauge.

Cristaux de la pleine lune

Pierre de lune, sélénite, quartz, tourmaline noire, obsidienne, ambre, quartz rose et opale.

Recette d'huile de la pleine lune

- 6 gouttes d'huile essentielle de gardénia ;

- 4 gouttes d'huile essentielle de lotus ;
- 2 gouttes d'huile essentielle de jasmin.

Ajoutez à une huile de base comme de l'huile d'amande douce ou de l'huile de pépins de raisin (environ 15 ml d'huile porteuse devraient suffire).

Baume de pleine lune (pour les points d'acupression)

- 6 gouttes d'huile essentielle de santal ;
- 3 gouttes d'huile essentielle de citron ;
- 2 gouttes d'huile essentielle de palmarosa ;
- ¼ de bol (60 ml) de cire d'abeille râpée ;
- 60 ml d'huile végétale.

Faites fondre la cire dans l'huile en la chauffant, laissez refroidir un peu, puis ajoutez les huiles essentielles.

Stockez dans un pot fermé hermétiquement.

Encens de la pleine lune (mélange à brûler sur une pastille de charbon)

- 2 parties de santal ;
- 2 parties de résine d'oliban ;
- ¼ partie de pétales de rose séchés ;
- ½ partie de racine d'orris ;
- 6 gouttes d'huile de santal.

Sels de bain magiques de la lune

- 300 g de sel de mer ;
- 8 gouttes d'huile essentielle de santal ;
- 8 gouttes d'huile essentielle de lotus.

Mélangez tous les ingrédients et rangez dans un récipient hermétique ; ajoutez deux cuillères à soupe du mélange dans votre bain.

Méditation de la pleine lune

Détendez-vous et mettez-vous à l'aise. Fermez les yeux et concentrez-vous sur votre respiration. Inspirez profondément… Expirez profondément… Visualisez le monde réel disparaître.

Le monde s'efface autour de vous, et vous vous retrouvez en lisière d'une forêt. C'est la nuit, et le ciel est d'un bleu profond, mais parsemé de milliers d'étoiles scintillantes ; la Lune est pleine, et brille suffisamment pour éclairer votre chemin.

Vous entrez dans la forêt, entre deux ifs ; l'air est frais et vous pouvez sentir les odeurs terreuses du sol de la forêt. Il semble y avoir un petit sentier entre les arbres, et vous commencez à le suivre. Les feuilles mortes craquent sous vos pas et vous entendez les bruits des oiseaux au-dessus de vous et de toute la vie sauvage qui vous entoure.

Vous suivez le sentier, qui vous mène à une clairière. En quittant les arbres, vous retrouvez la lumière des étoiles… au centre de la clairière, il y a un étang profond, dont la surface est parfaitement lisse.

Vous avancez jusqu'au bord de l'étang et vous vous asseyez sur la berge.

En plongeant votre regard dans l'eau, vous vous rendez compte que la pleine lune au-dessus de vous se reflète sur la surface de l'eau noire.

Vous tendez la main, et faites glisser les doigts dans l'eau, ce qui envoie des ondes sur toute la surface.

Vous centrez vos pensées et réfléchissez à une question ou à une situation pour laquelle vous avez besoin d'une réponse, ou à une clarification…

Cherchez sur la surface de l'eau des signes et des symboles… Que voyez-vous ?

Au-dessus de vous, un hululement résonne dans les bois, et dans un battement d'ailes, un énorme hibou prend son essor depuis un arbre et traverse la clairière en volant.

Quand vous avez fini votre séance de scrying, *levez-vous et reprenez le sentier qui vous ramènera à la lisière de la forêt.*

Revenez lentement à cette réalité, tapez du pied sur le sol, et faites bouger vos doigts.

Rituel de la pleine lune

Matériel nécessaire :

- Un chaudron (ou un plat de couleur sombre à l'intérieur) à demi rempli d'eau ;
- Une petite pièce en argent.

Tracez le cercle en disant :

Vierge, trace ce cercle blanc,

Libre de toute ombre, pur et brillant.

Mère, trace ce cercle rouge,

Éloigne toute négativité de nous.

Vieille femme, trace ce cercle noir,

Accorde-nous tout le savoir.

Ce cercle imbrisé est maintenant tracé.

Appelez les quartiers en disant :

J'appelle l'est et l'élément Air, vous qui êtes brume et nuage, brise fraîche et ouragan sauvage ; Esprit du Faucon, Esprit des Sylphes, entendez-moi, apportez dans ces rites purification et clarté, balayez au loin toute stagnation. Soyez bénis et bienvenue !

J'appelle le sud et l'Élément Feu, vous qui êtes le pétillement du feu, le soleil doré et la lave rougeoyante ; Esprit du Phénix, Esprit des Danseurs des Flammes, entendez-moi, apportez dans ces rites votre esprit de créativité et de passion. Soyez bénis et bienvenue !

J'appelle l'ouest et l'Élément Eau, vous qui êtes les ondines des rivières, les sirènes de l'océan aux vagues mouvantes et les naïades des grottes, venez à moi. Esprit du requin, entends-moi ; apportez dans ces rites votre intuition la plus profonde et vos émotions les plus vraies, enseignez-moi à être souple, à m'adapter et à couler comme vos eaux. Soyez bénis et bienvenue !

J'appelle le nord et l'Élément Terre, vous qui êtes os et cristal, arbre, racine et branche ; Esprit du Loup, Esprit du Gnome, je vous appelle. Apportez dans ces rites votre esprit de prospérité, de stabilité et de manifestation. Soyez bénis et bienvenue !

Invocation à la divinité. Dites :

J'appelle Yemaya, déesse des Mers, joins-toi à ce rite aujourd'hui et apporte avec toi inspiration et passion. Sois bénie et bienvenue !

La pleine lune est un moment puissant ; la magie qui l'accompagne peut aider dans des cas d'urgence, pour booster l'énergie, donner du courage, apporter protection psychique et guérison. Cette phase de la Lune peut aussi faire venir de l'argent dont on a grand besoin et favoriser l'engagement, la justice et l'ambition.

Asseyez-vous tranquillement devant votre chaudron d'eau et laissez-y tomber une pièce d'argent ; c'est encore mieux si vous pouvez placer le chaudron de sorte que la lune s'y reflète. Vous pouvez absorber l'énergie de la lune en passant votre main juste à la surface de l'eau.

Prononcez une incantation à la déesse et à la pleine lune, pour lui demander assez d'argent pour couvrir vos besoins. Visualisez votre but.

Laissez l'eau et la pièce dans le chaudron jusqu'au lendemain ; vous pourrez alors verser l'eau sur la terre.

Remerciez les quartiers en disant :

Gardiens de l'Élément Terre, je vous remercie pour votre présence dans ce rite, je vous bénis et vous dis adieu.

Gardiens de l'Élément Eau, je vous remercie pour votre présence dans ce rite, je vous bénis et vous dis adieu.

Gardiens de l'Élément Feu, je vous remercie pour votre présence dans ce rite, je vous bénis et vous dis adieu.

Gardiens de l'Élément Air, je vous remercie pour votre présence dans ce rite, je vous bénis et vous dis adieu.

Remerciez la divinité en disant :

Déesse Yemaya, je te remercie pour ta présence dans ce rite, puisse la flamme de ton inspiration demeurer avec moi. Sois bénie et adieu.

Ouvrez le cercle en tournant autour dans le sens anti-horaire et dites :

Ce cercle est ouvert mais jamais brisé.

Faire de l'eau de lune

L'eau de lune est vraiment très facile à faire et on peut s'en servir pour toutes sortes de sorts, de rituels et d'onctions. Il est utile d'en avoir en réserve quand on a besoin d'utiliser le pouvoir de cette phase de la lune à un autre moment.

Remplissez d'eau de source un plat, un bol ou une bouteille et laissez-la dehors (si vous pouvez le faire sans risque) ou sur un appui de fenêtre où elle pourra capter le pouvoir de la pleine lune. Vous pouvez aussi faire de même aux phases de la nouvelle lune, de la lune croissante ou décroissante, ou de la lune sombre. Une fois que l'eau a absorbé le pouvoir de la Lune, vous pouvez la conserver dans une bouteille fermée hermétiquement pour vous en servir plus tard.

Vous pouvez aussi ajouter à l'eau une pincée de sel de mer pour lui donner un peu plus de pouvoir purificateur.

Sort d'argent du camélia

J'ai dans mon jardin un beau camélia couvert de fleurs roses. Je ramasse les fleurs tombées sur le sol au printemps et je les mets sur mon autel, car elles restent belles pendant plusieurs jours.

Le camélia apporte richesse et luxe et il est donc utilisé dans ce type de sorts.

Mettez les fleurs dans des récipients remplis d'eau sur votre autel quand vous faites des rituels pour l'argent et la prospérité ou servez-vous en dans des sorts.

Les jolies fleurs du camélia, gouvernées par la Lune, sont parfaites pour des sorts pour l'argent. Juste avant la pleine lune, mettez-en un bol sur votre autel et laissez tomber trois pièces d'argent entre les fleurs, en les nommant : une pour de l'argent à dépenser, une pour les dépenses de quelqu'un que vous aimez et la troisième pour dépenser avec sagesse. Quand votre rite est terminé, prenez les trois pièces et gardez-les dans un morceau de tissu de coton. Pressez une fleur entre deux feuilles de papier de soie et mettez-la avec les pièces tandis que votre fortune commence à augmenter.

Quand on jette des sorts de pleine lune, il vaut mieux sortir durant la nuit de la pleine lune. Allez quelque part où vous ne serez pas dérangé ; mettez-vous face à la Lune.

Sort de vœu de la pleine lune

Prenez quelques piécettes et allez dehors, dans un endroit où vous pourrez facilement voir la pleine lune. Tenez les pièces en main et demandez à voix haute que votre vœu soit exaucé. Visualisez votre but… et déclarez ce qu'il est à voix haute. Jetez les pièces en l'air, vers la Lune. Puis dites à voix haute que vous offrez ces pièces à la Lune, et remerciez-la.

Mélisse pour l'amour

La mélisse pousse comme du chiendent dans mon jardin, au point que je dois la faire pousser en pot ! C'est une plante gouvernée par la Lune.

Pour ce sort, faites tremper quelques feuilles de mélisse dans du jus de pomme (qui est aussi un fruit d'amour), laissez le mélange quelque part où il pourra capter la lumière de la pleine lune, puis partagez cette boisson avec votre partenaire, en vous servant du même verre. Ceci devrait garantir un amour fort et fidèle.

Divination de la Roue d'Argent d'Arianrhod

Voilà une activité amusante à préparer et à pratiquer. Soyez créatif, suivez votre instinct quant aux matériaux à utiliser.

Prenez un morceau de tissu carré ; vous devrez tracer un cercle en son milieu (ou coudre, ou broder… mettez à profit vos talents !). Puis, divisez le cercle en quartiers. Au centre de chaque quartier, dessinez (ou brodez) une phase de la Lune : un cercle noir pour la lune sombre, un croissant pour la lune croissante, un cercle blanc pour la pleine lune et un croissant dans l'autre sens pour la lune décroissante. (Vous ferez des cercles plus réguliers en dessinant autour d'une pièce.)

Il vous faudra ensuite treize pierres. Vous pouvez soit vous servir de cristaux en pierres roulées que vous avez déjà, soit les acheter spécifiquement pour cette occasion, ou encore ramasser des galets sur une plage ou au bord d'une rivière.

Vous devrez identifier chaque pierre, donc des pierres roulées colorées sont préférables, mais vous pouvez aussi faire une marque sur des galets naturels ; de préférence, il vous faudra trois pierres rouges, trois vertes, trois bleues, trois brunes et une noire. Il est utile d'avoir un sac pour les y mettre toutes.

Vous pouvez définir vos propres significations et correspondances pour chaque pierre ou chaque couleur, mais voici une bonne règle à suivre :

- Les pierres rouges représentent l'énergie, la carrière et le futur.
- Les pierres bleues représentent l'énergie mentale, la communication, les pensées, l'étude et le présent.
- Les pierres vertes représentent la guérison, l'amour, la famille et le passé.
- Les pierres brunes représentent l'argent, le corps physique, les questions pratiques et le passé très lointain.
- La pierre noire est l'inconnu, les surprises et les mystères.

Quand tout votre matériel est prêt, ancrez-vous et centrez-vous, puis formulez une question dans votre esprit. Tirez une pierre du sac, sans la regarder, tenez-la au-dessus du tissu et laissez-la tomber. Recommencez ce processus à trois reprises. Si la pierre tombe en dehors du cercle sur le tissu, elle ne compte pas.

La première pierre que vous jetez décrit votre situation, la seconde pierre représente les conditions actuelles et la troisième est le résultat. Si ce tirage ne vous semble pas clair, vous pouvez tirer une quatrième pierre pour demander une clarification.

La réponse à votre question sera indiquée par le quartier où la pierre tombe, associé à la couleur de la pierre. Servez-vous des significations des phases de la lune ; ainsi, le quartier de la lune croissante signifie révélation ou croissance.

Suivez votre intuition !

Magie de la lune disséminatrice

C'est la phase où la Lune vient de quitter son plein et semble un peu aplatie sur un côté. Cette phase est bonne pour les addictions, les décisions, les divorces, les émotions, le stress et la protection. Elle favorise la connaissance, le partage, le calme, l'expression verbale et la communication. La lune disséminatrice facilite aussi la méditation et stimule l'harmonisation intérieure.

CINQ – LUNE DÉCROISSANTE

La lune gibbeuse décroissante, ou lune disséminatrice, apparaît trois jours et demi à sept jours après la pleine lune. La lune se lève dans la soirée et se couche vers le milieu de la matinée. Encore une fois, on voit un renflement sur un côté de la Lune, mais maintenant, elle décroît un peu chaque jour. Les ténèbres s'installent peu à peu. La décroissance est en cours.

Le dernier quartier décroissant apparaît entre sept et dix jours et demi après la pleine lune. Elle se lève vers minuit et se couche vers midi. Parce qu'il y a à nouveau un angle droit entre le Soleil et la Lune, il y a peu de variation entre marée haute et marée basse. Une fois de plus, il y a un équilibre entre la lumière et les ténèbres, mais les ténèbres vont bientôt vaincre la lumière.

Le dernier croissant, ou lune balsamique, se produit entre dix jours et demi après la pleine lune et la nouvelle lune. La lune se lève dans les heures sombres qui précèdent l'aube et se couche en fin d'après-midi. Encore une fois, nous voyons la Lune comme un beau croissant, mais qui disparaît rapidement dans l'obscurité.

Vous n'avez pas à vous inquiéter d'en faire trop en ce moment, parce que le rythme lunaire va agir un peu comme un frein. C'est le bon moment pour vous débarrasser de ce qui vous encombre, pour donner vos vieux vêtements à des œuvres de charité. Voyez comment les choses tournent et analysez les informations. Suivez vos besoins et vos réactions.

Vous aurez peut-être davantage envie de méditer et de rester seul. Faites du nettoyage un peu partout, mettez fin à des activités, laissez aller les énergies indésirables, libérez-vous, bannissez et renvoyez. Certains préfèrent pratiquer le *scrying* et la méditation pendant la lune sombre, parce que c'est un temps de plus grande intériorité. Les intuitions que vous aurez à ce moment-ci seront plus profondes, tandis qu'à la pleine lune elles peuvent être plus nettement créatrices.

Pour vous relier aux énergies de la lune décroissante et à l'énergie de la Vieille Femme, mettez une améthyste dans un bol d'eau, allumez une bougie violette et faites une séance de *scrying*.

Servez-vous d'une pierre de sorcière (une pierre trouée) ou d'un morceau de sureau ou d'if. Tenez-le durant votre méditation pour vous relier aux énergies de la Vieille Femme et à l'énergie de la lune décroissante.

Faites dans votre cheminée, ou au-dessus, un foyer pour la Vieille Femme. Décorez-le de symboles qui la représentent pour vous ; vous pouvez aussi vous servir d'un chaudron (ou d'un grand plat) et remplissez-le de galets et d'une grande bougie de couleur sombre.

Couleurs de la lune décroissante

Bleu, violet et rose.

Plantes, huiles et ingrédients pour encens de la lune décroissante

Anis, laurier, eucalyptus, cyprès, oliban, hysope, jasmin, citron vert, marjolaine, myrte, orange, santal, mandarine, arbre à thé, sauge, lavande et achillée millefeuille.

Cristaux de la lune décroissante

Quartz fumé, rhodochrosite, quartz rose, rhodonite, rubis sur fuchsite, kunzite rose et danburite.

Sels de bain de la lune décroissante

- 300 g de sel de mer ;
- 3 gouttes d'huile essentielle de géranium ;
- 3 gouttes d'huile essentielle de pin ;
- 6 gouttes d'huile essentielle de magnolia.

Recette d'huile de la lune décroissante

- 4 gouttes d'huile essentielle de cyprès ;
- 3 gouttes d'huile essentielle de clou de girofle ;
- 3 gouttes d'huile essentielle de cèdre.

Ajoutez à une huile de base comme de l'huile d'amande douce ou de l'huile de pépins de raisin (environ 15 ml d'huile porteuse devraient suffire).

Recette d'encens de la lune décroissante

- 3 parties de résine d'oliban ;
- 2 parties de myrrhe ;
- 1 partie de santal ;
- Quelques gouttes d'huile essentielle de santal.

Fabriquer un diadème de la Vieille Femme

C'est un bel objet à porter durant un rituel de lune décroissante. Prenez une base de fil de fer, et ajoutez-y des feuilles, des fleurs et des brindilles. Servez-vous de rubans de couleur sombre, par exemple violets, bleu foncé et noirs, pour le décorer. En fabriquant ce diadème, ajoutez comme intention les rêves et les souhaits que vous voulez réaliser.

Méditation de la lune décroissante

Détendez-vous et mettez-vous à l'aise. Fermez les yeux et concentrez-vous sur votre respiration. Inspirez profondément… Expirez profondément… Visualisez le monde réel disparaître.

Le monde s'efface autour de vous et vous vous retrouvez sur une plage. Les vagues viennent mourir sur le rivage devant vous et vous sentez le sel dans l'air. Vous vous retournez et vous voyez derrière vous un paysage rocailleux. En regardant bien, vous voyez une trouée entre les rochers et vous allez voir ce qu'il en est. Vous passez entre les rochers et vous vous retrouvez dans un passage.

Vous suivez ce couloir de pierre et il s'ouvre soudain sur une petite scène paradisiaque. Vous êtes entouré de palmiers et devant vous se trouve une énorme chute d'eau. Le son de l'eau est très fort, mais très beau. Vous pouvez sentir sa puissance dans votre poitrine.

Avancez jusqu'au bord de la chute d'eau… En vous approchant, vous pouvez tout juste distinguer une caverne derrière le rideau d'eau.

Vous ressentez soudain une envie irrépressible d'entrer dans la cascade. Vous avancez prudemment et vous finissez par vous retrouver juste sous la chute d'eau. Elle est fraîche et agréable.

Vous laissez l'eau couler sur vous et vous débarrasser de vieilles habitudes, d'énergies négatives et de tout ce qui ne sert pas votre plus grand bien. Laissez l'eau emporter tout cela.

Quand vous avez terminé, vous vous sentez rafraîchi et renouvelé.

Vous sortez de la cascade et vous vous asseyez près d'elle. Prenez un moment pour réfléchir à toutes les choses positives dans votre vie et remplir votre esprit de pensées heureuses et de nouveaux objectifs.

Puis, vous vous relevez et vous revenez au passage entre les rochers, que vous suivez jusqu'à la plage.

Restez un moment à regarder les vagues, et quand vous êtes prêt revenez à cette réalité, tapez du pied sur le sol et faites bouger vos doigts.

Rituel de la lune décroissante

Matériel nécessaire :

- De grandes feuilles d'une plante que vous associez à la lune (voir la liste ci-dessus) ;
- Une bougie de couleur sombre.

Faites infuser quelques feuilles de cette plante dans un bol d'eau salée, toute la nuit si possible. Puis, retirez-les de l'eau et laissez-les sécher.

Tracez le cercle en disant :

Vierge trace ce cercle blanc,

Libre de toute ombre, pur et brillant.

Mère trace ce cercle rouge,

Éloigne toute négativité de nous.

Vieille femme, trace ce cercle noir,

Accorde-nous tout le savoir.

Ce cercle imbrisé est maintenant tracé.

Appelez les quartiers en disant :

J'appelle l'est et l'élément Air, vous qui êtes brume et nuage, brise fraîche et ouragan sauvage ; Esprit du Faucon, Esprit des Sylphes, entendez-moi, apportez dans ces rites purification et clarté, balayez au loin toute stagnation. Soyez bénis et bienvenue !

J'appelle le sud et l'Élément Feu, vous qui êtes le pétillement du feu, le soleil doré et la lave rougeoyante ; Esprit du Phénix, Esprit des Danseurs des Flammes, entendez-moi, apportez dans ces rites votre esprit de créativité et de passion. Soyez bénis et bienvenue !

J'appelle l'ouest et l'Élément Eau, vous qui êtes les ondines des rivières, les sirènes de l'océan aux vagues mouvantes et les naïades des grottes, venez à moi. Esprit du requin, entends-moi ; apportez dans ces rites votre intuition la plus profonde et vos émotions les plus vraies, enseignez-moi à être souple, à m'adapter et à couler comme vos eaux. Soyez bénis et bienvenue !

J'appelle le nord et l'Élément Terre, vous qui êtes os et cristal, arbre, racine et branche; Esprit du Loup, Esprit du Gnome, je vous appelle. Apportez dans ces rites votre esprit de prospérité, de stabilité et de manifestation. Soyez bénis et bienvenue !

Invocation à la divinité. Dites :

J'appelle Diane, déesse des Sorcières et de la Chasse, joins-toi à ce rite aujourd'hui, et apporte avec toi inspiration et passion. Sois bénie et bienvenue !

La phase de la lune décroissante est utile pour se débarrasser de choses, pour abattre les obstacles, soulager la maladie et la douleur, bannir les pensées négatives, chasser la douleur, la culpabilité, la colère, l'anxiété et les mauvaises habitudes. Il est temps de laisser aller tout ce qui ne sert pas votre plus grand bien !

Mettez votre bougie de couleur sombre dans un bougeoir adéquat, placez-le sur votre autel et allumez la bougie (n'allumez aucune autre bougie sur votre autel).

Prenez les feuilles séchées et salées et faites-les brûler lentement, une par une, à la flamme de la bougie (vous devrez sans doute les mettre dans un chaudron ou un plat qui résiste au feu, car le sel fera crachoter la flamme). Tandis que chaque feuille brûle, dites à voix haute ce dont vous voulez vous débarrasser : brûlez les mauvaises habitudes, les mauvais cycles, les énergies indésirables et dites au revoir à tout ce qui ne sert plus votre plus grand bien.

Quand vous avez fait brûler toutes les feuilles, restez assis en silence devant la bougie et chassez de votre esprit toutes les pensées négatives, en les remplaçant par des pensées positives. Remplissez le vide que vous venez de faire avec des images heureuses et de nouveaux projets.

Si possible, laissez la bougie brûler entièrement (en toute sécurité).

Remerciez les quartiers en disant :

Gardiens de l'Élément Terre, je vous remercie pour votre présence dans ce rite, je vous bénis et vous dis adieu.

Gardiens de l'Élément Eau, je vous remercie pour votre présence dans ce rite, je vous bénis et vous dis adieu.

Gardiens de l'Élément Feu, je vous remercie pour votre présence dans ce rite, je vous bénis et vous dis adieu.

Gardiens de l'Élément Air, je vous remercie pour votre présence dans ce rite, je vous bénis et vous dis adieu.

Remerciez la divinité en disant :

Diane, déesse des Sorcières et de la Chasse, je te remercie pour ta présence dans ce rite, puisse la flamme de ton inspiration demeurer avec moi. Sois bénie et adieu.

Ouvrez le cercle en tournant autour dans le sens anti-horaire et dites :

Ce cercle est ouvert mais jamais brisé.

Sort de lune décroissante pour se libérer des soucis et du stress

Matériel nécessaire :

- Bougie blanche ;
- Bougie noire ;
- Bougie rose.

Allumez une bougie blanche pour symboliser la paix. En regardant la flamme, méditez sur ce que la paix signifie pour vous.

Ensuite, allumez une bougie noire, qui absorbera les énergies négatives. Visualisez que tous les soucis ou le stress qu'il y a en vous sont ôtés et placés dans la bougie noire, qui va transformer leur énergie en vibrations positives.

Prenez maintenant un morceau de papier et écrivez-y quelque chose que vous voulez laisser aller ou transformer, puis allumez un coin du papier à la flamme de la bougie et laissez-le tomber dans votre chaudron (ou dans votre plat résistant au feu). Laissez-le brûler entièrement et en même temps, laissez-le emporter vos soucis et votre stress. Vous pouvez répéter cette partie du rituel autant de fois que vous en sentez le besoin.

Quand vous êtes prêt, éteignez la bougie noire. Ensuite, allumez une bougie rose et concentrez-vous sur le fait de remplir ce vide de pensées positives et heureuses, de souhaits et de plans.

Quand vous bannissez l'énergie négative, vous DEVEZ remplir le vide ainsi créé d'énergie positive, sinon le schéma négatif va se répéter.

Quand vous avez terminé, éteignez la bougie rose et la bougie blanche.

Vous pouvez répéter ce sort plusieurs jours de suite, jusqu'à ce que vous sentiez que vous avez terminé ce nettoyage. S'il reste des morceaux de bougie, enterrez-les.

Sort d'inversion de la lune décroissante

Il arrive malheureusement qu'on ait l'impression d'avoir été frappé par une malédiction, de vivre une série de coups du sort, ou peut-être d'être victime de quelqu'un qui nous envoie de l'énergie négative. Ce sort va inverser cette tendance.

Il vous faudra :

- Un petit miroir ;
- Une bougie noire ;
- Une petite soucoupe remplie d'eau.

Vous devrez disposer le miroir de façon à pouvoir y voir le reflet de votre visage et celui de la bougie quand vous vous asseyez devant. Gardez la pièce dans l'obscurité si possible et allumez la bougie. Visualisez toute énergie négative qui vous a été envoyée, ou la malchance qui vous frappe, reflétée loin de vous. En visualisant ceci, éloignez-vous lentement du miroir jusqu'à ce que vous n'y soyez plus reflété et que le seul reflet que vous y voyiez soit celui de la flamme de la bougie. Quand vous sentez que toute l'énergie négative a été réfléchie, éteignez la bougie avec l'eau. Enterrez le reste de bougie.

Sort de lune décroissante pour bannir la dépression

Très franchement, la dépression est quelque chose d'horrible et parfois, il peut être incroyablement difficile de sortir de cet état d'esprit. Vous pourrez y arriver plus facilement en lançant ce sort en lune décroissante.

Matériel nécessaire :

- Quelques bougies noires ;
- De l'eau (de préférence de l'eau de source) ;
- Une carafe en verre ;
- Une poignée de terre, transformée en boue avec un peu d'eau du robinet ;
- Un saladier en verre ;
- Des pétales de rose.

Allumez une bougie noire et remplissez la carafe d'eau, jusqu'à deux ou trois centimètres du bord. Posez la carafe devant la bougie et concentrez-vous sur la flamme ; voyez cette flamme comme la lumière dans un tunnel noir. La lumière représente votre vie avant qu'elle ne soit obscurcie par le nuage de la dépression. Maintenant, mettez la poignée de boue dans la carafe d'eau. Regardez la boue rendre l'eau trouble ; visualisez cette boue comme votre dépression. Voyez la boue et votre dépression se dissoudre dans l'eau et acceptez d'être libéré de son emprise.

Éteignez la bougie, mais laissez-la où elle est, ainsi que la carafe. Remplissez d'eau le saladier en verre et répandez des pétales de rose à sa surface. Lavez-vous les mains dans l'eau.

Le lendemain, allumez une autre bougie noire et remplacez la première. Voyez l'eau s'éclaircir peu à peu. Continuez d'allumer une nouvelle bougie chaque jour et de visualiser l'eau comme votre vie, libérée de l'emprise de la dépression.

Quand vous êtes prêt, jetez l'eau aussi loin que vous pouvez (dehors, bien sûr !) et laissez cette eau emporter les derniers miasmes de dépression.

SIX – LUNE SOMBRE/ BALSAMIQUE

C'est le moment où la lune décroissante n'est plus visible et où la nouvelle lune ne l'est pas encore. Le ciel est littéralement « complètement noir ».

Sur le plan magique, cette phase est bonne pour les addictions, le changement, le divorce, les ennemis, la justice, les obstacles, les querelles, les déménagements, les séparations, pour faire cesser le harcèlement et le vol.

Elle peut aussi être associée à l'amour universel du soi et des autres. L'énergie de la lune sombre attire l'amour à vous et ôte le chagrin et les peines passées. Apaisante, protectrice et sereine, elle améliore les relations. C'est aussi un bon moment pour la divination.

Quand le dernier quartier de la lune a disparu, écrivez le nom de quelque chose que vous souhaitez faire diminuer sur le côté d'une bougie noire et allumez-la chaque soir jusqu'à la nouvelle lune. (Soyez prudent ici ; vous devriez peut-être ajouter, « et sans nuire à personne ».) Pendant cette période, ne mettez aucune fleur sur votre autel. Ne faites brûler que des bougies de couleur sombre, ou pas de bougie du tout. Utilisez des encens aux notes sombres, comme la myrrhe et le patchouli. Générez de l'énergie en jouant lentement du tambour, ou en récitant lentement des incantations ; ou gardez vos rites discrets. Faites appel à la sagesse des déesses âgées. Servez-vous de cette période pour éliminer ou bannir les mauvaises habitudes.

Vous aurez peut-être davantage envie de méditer et de rester seul. Faites du nettoyage un peu partout, mettez fin à des activités. Certains préfèrent pratiquer le *scrying* et la méditation pendant la lune sombre, parce que c'est un temps de plus grande intériorité. Les intuitions que vous aurez à ce moment-ci seront plus profondes, tandis qu'à la pleine lune elles peuvent être plus nettement créatrices.

Couleurs de la lune sombre

Noir, violet foncé, bleu foncé.

Cristaux de la lune sombre

Obsidienne, larmes d'Apache, obsidienne arc-en-ciel.

Plantes, huiles et ingrédients pour encens de la lune sombre

Myrrhe, laurier, oliban, jasmin, rose, sureau, damiana, angélique, sauge, bourrache, cannelle, souci, armoise, sorbier, safran, anis étoilé, thym, camphre, pissenlit, grenade, patchouli et achillée millefeuille.

Recette d'huile de la lune sombre

- 7 gouttes d'huile essentielle de jasmin ;
- 3 gouttes d'huile essentielle de patchouli ;
- 1 goutte d'huile essentielle de santal.

Ajoutez à une huile de base comme de l'huile d'amande douce ou de l'huile de pépins de raisin (environ 15 ml d'huile porteuse devraient suffire).

Recette d'encens de la lune sombre

- 1 partie de fleurs de jasmin séchées ;
- 1 partie de résine de myrrhe ;

- 1 partie de pétales de rose séchés ;
- ½ partie de feuilles de sureau séchées ;
- Quelques gouttes d'huile essentielle de myrrhe.

Sels de bain de la lune sombre

- 300 g de sel de mer ;
- 8 gouttes d'huile essentielle de magnolia ;
- 3 gouttes d'huile essentielle de pin ;
- 4 gouttes d'huile essentielle de géranium.

Méditation de la lune sombre

Détendez-vous et mettez-vous à l'aise. Fermez les yeux et concentrez-vous sur votre respiration. Inspirez profondément… Expirez profondément… Visualisez le monde réel disparaître.

Le monde s'efface autour de vous et vous vous retrouvez à l'entrée d'une caverne. À l'extérieur, un feu brûle sous un grand chaudron posé sur un trépied.

Vous avancez jusqu'au feu et vous commencez à sentir le délicieux arôme qui en émane.

Autour du feu, il y a des couvertures et des coussins. En arrivant à proximité, vous entendez des mouvements à l'intérieur de la caverne. Alors une vieille femme apparaît à l'entrée de la caverne, portant un fagotin d'herbes séchées. Elle lève les yeux et vous salue d'un signe de tête ; elle vous invite à vous joindre à elle et elle vous fait signe de vous asseoir sur les coussins près du feu.

Comme vous vous mettez à l'aise, elle laisse tomber les herbes séchées dans le chaudron et mélange un peu, envoyant un peu plus de sa délicieuse senteur dans l'air. Elle s'assied ensuite près de vous et plonge son regard dans les flammes du feu. Après un petit moment, elle se tourne vers vous et vous demande : « Qu'est-ce que tu cherches, mon enfant ? »

Vous réfléchissez à sa question pendant un moment, puis vous y répondez…

Elle reste assise en silence pendant quelques instants, puis elle vous donne sa réponse. Vous lui présentez alors les autres requêtes que vous pouvez avoir et elle vous offre ses pensées en réponse.

Quand vous avez fini de parler, elle met la main dans sa poche et en retire un objet qu'elle vous tend. Vous le prenez et la remerciez.

Quand vous êtes prêt, levez-vous et remerciez la vieille femme.

Revenez à cette réalité, tapez du pied sur le sol, et faites bouger vos doigts. Quel est le don que la vieille femme vous a fait, et quel sens a-t-il pour vous ?

Rituel de la lune sombre

Matériel nécessaire :

- Une bougie verte ;
- Un chaudron ou un plat résistant au feu ;
- Papier et stylo.

Tracez le cercle en disant :

Vierge trace ce cercle blanc,

Libre de toute ombre, pur et brillant.

Mère trace ce cercle rouge,

Éloigne toute négativité de nous.

Vieille femme, trace ce cercle noir,

Accorde-nous tout le savoir.

Ce cercle imbrisé est maintenant tracé.

Appelez les quartiers en disant :

J'appelle l'est et l'élément Air, vous qui êtes brume et nuage, brise fraîche et ouragan sauvage ; Esprit du Faucon, Esprit des Sylphes, entendez-moi, apportez dans ces rites purification et clarté, balayez au loin toute stagnation. Soyez bénis et bienvenue !

J'appelle le sud et l'Élément Feu, vous qui êtes le pétillement du feu, le soleil doré et la lave rougeoyante ; Esprit du Phénix, Esprit des Danseurs des Flammes, entendez-moi, apportez dans ces rites votre esprit de créativité et de passion. Soyez bénis et bienvenue !

J'appelle l'ouest et l'Élément Eau, vous qui êtes les ondines des rivières, les sirènes de l'océan aux vagues mouvantes et les naïades des grottes, venez à moi. Esprit du requin, entends-moi ; apportez dans ces rites votre intuition la plus profonde et vos émotions les plus vraies, enseignez-moi à être souple, à m'adapter et à couler comme vos eaux. Soyez bénis et bienvenue !

J'appelle le nord et l'Élément Terre, vous qui êtes os et cristal, arbre, racine et branche ; Esprit du Loup, Esprit du Gnome, je vous appelle. Apportez dans ces rites votre esprit de prospérité, de stabilité et de manifestation. Soyez bénis et bienvenue !

Invocation à la divinité. Dites :

J'appelle Arianrhod, déesse de la Lune sombre et dame de la Roue d'Argent, joins-toi à ce rite aujourd'hui et apporte avec toi inspiration et passion. Sois bénie et bienvenue !

Servez-vous du pouvoir de la lune sombre pour regarder en vous-même, pour prendre le temps de méditer. Vous avez ôté toutes les énergies indésirables pendant la lune décroissante, il est temps maintenant d'aller au fond de vous-même et de voir quels sont vos véritables désirs.

Allumez la bougie verte.

Prenez le papier, et écrivez-y vos rêves et vos désirs, autant que vous voulez, un but par feuille. Empilez-les et placez-les devant vous.

Si vous vous servez d'une baguette ou d'un athamé (un couteau cérémoniel), tapotez-en chaque feuille de papier, une par une. Visualisez une puissante lumière blanche sortir de son extrémité et entrer dans le papier (si vous n'utilisez pas d'outil, servez-vous juste de votre doigt). Puis, allumez chaque feuille de papier à la bougie verte, et laissez-la tomber dans le chaudron ou le plat. En même temps, envoyez à chaque fois une bénédiction au divin.

Quand vous avez terminé, éteignez la bougie. Après le rituel, prenez les cendres et jetez-les dans l'eau courante ou enterrez-les.

Vous aurez peut-être aussi envie de vous asseoir un moment pour méditer. Demandez à Arianrhod de vous montrer au moins l'une de vos vies antérieures…

Remerciez les quartiers en disant :

Gardiens de l'Élément Terre, je vous remercie pour votre présence dans ce rite, je vous bénis et vous dis adieu.

Gardiens de l'Élément Eau, je vous remercie pour votre présence dans ce rite, je vous bénis et vous dis adieu.

Gardiens de l'Élément Feu, je vous remercie pour votre présence dans ce rite, je vous bénis et vous dis adieu.

Gardiens de l'Élément Air, je vous remercie pour votre présence dans ce rite, je vous bénis et vous dis adieu.

Remerciez la divinité en disant :

Arianrhod, déesse de la Lune sombre et dame de la Roue d'Argent, je te remercie pour ta présence dans ce rite, puisse la flamme de ton inspiration demeurer avec moi. Sois bénie et adieu.

Ouvrez le cercle en tournant autour dans le sens anti-horaire et dites :

Ce cercle est ouvert mais jamais brisé.

Charme de rêve de la lune sombre

Les belles fleurs du jasmin sont gouvernées par la Lune. Elles fonctionnent particulièrement bien dans un sac médecine ou un mélange pour encens, à la lune sombre, pour provoquer des rêves profonds et chargés de sens.

Sort de la lune sombre pour protéger votre domicile

Voici un sort vraiment très facile qui entourera votre domicile d'une coquille protectrice.

Le seul ingrédient, c'est votre pouvoir personnel. Asseyez-vous tranquillement au centre de votre domicile, détendez-vous et centrez-vous. Dans l'œil de votre esprit, visualisez votre maison dans le moindre détail. Puis, en puisant l'énergie de la Terre-Mère, voyez un anneau de lumière blanche protectrice sortir de la Terre tout autour de votre propriété. Regardez-la grandir et former une bulle protectrice autour de votre domicile.

Le bouclier protecteur est maintenant en place autour de votre maison. De temps en temps, quand vous le pouvez, asseyez-vous et renforcez ce bouclier avec votre esprit et avec le pouvoir de l'énergie de la Terre-Mère.

Sort de la lune sombre pour aller de l'avant

De temps en temps, les leçons de l'existence nous laissent à la dérive, et nous nous demandons comment ramasser les morceaux et aller de l'avant dans notre vie. Ce sort devrait vous y aider.

Il vous faudra :

- Une photo de la personne concernée (votre ex, par exemple) ou une image de la situation qui a réduit votre vie en miettes ;
- Un chaudron ou un plat résistant au feu ;
- Une brindille portant des feuilles ou une herbe de votre choix ;
- Une petite pochette ou un sachet (je me sers de pochettes pour cadeaux qu'on peut facilement trouver dans un magasin d'art et loisirs, ou d'une petite pochette en feutre).

Allumez le coin de la photo ou de l'image, et mettez-la dans le chaudron pour la faire brûler. Regardez la flamme et visualisez que vous êtes libéré de toute la souffrance, la peine et l'angoisse que vous avez connue. Continuez de visualiser la fumée de la flamme emporter ces énergies négatives. Quand vous êtes prêt, prenez en main la brindille portant des feuilles ou l'herbe. Envoyez dans cette plante toutes les énergies négatives qui restent, puis portez les mains à votre front et visualisez des images de bonheur et de joie remplacer les images pénibles et négatives.

Terminez en mettant dans la pochette ou dans le sachet la plante et les cendres de la photographie. Emportez-la loin de chez vous et enterrez-la. (J'ai constaté que la jeter dans la poubelle le jour où les éboueurs passent fonctionne aussi très bien, car le camion-poubelle se charge de l'éloigner de chez moi !)

Quand vous vous débarrassez de la pochette, prenez une minute ou deux pour vous souvenir des bons moments que vous avez connus avant que les problèmes n'arrivent.

SEPT – LUNE BLEUE, LUNE ROUGE ET ÉCLIPSES

Lune bleue

De temps en temps, un mois peut avoir une deuxième pleine lune et il arrive qu'il y ait quatre pleines lunes dans la même saison. On appelle ces pleines lunes des lunes bleues, ou parfois des « lunes d'objectifs ». Hélas, la lune ne change pas de couleur ; elle a l'air d'une pleine lune tout à fait ordinaire.

Le terme de « lune bleue » semble n'avoir que quelques siècles. Historiquement, on parle de lune bleue pour désigner des événements improbables ou des choses qui ne se produisent pas normalement. Ce terme a fini par désigner un événement rare et a donné naissance à l'expression « quand la lune sera bleue ».

Selon une croyance, la lune bleue détient la connaissance de la Vieille Femme, et par conséquent, toute la sagesse des trois aspects combinés de la Triple Déesse. On dit aussi que la lune bleue apporte un temps de communication et de connexion plus intense avec le divin et le monde des esprits.

Lors d'une lune bleue, je ferais de la magie pour quelque chose qui me semble impossible à obtenir, ou difficile à réaliser... Dites-vous que, quelle que soit votre intention, vous pourriez bien en voir le résultat « quand la lune sera bleue ».

Sort magique de lune bleue

Matériel nécessaire :

- Un carré de tissu bleu ; le feutre convient très bien. Vous pouvez même le décorer de lunes si vous voulez ;
- Épingles de sûreté ;
- Un papier et un stylo ;
- Une longueur de cordon ou de ruban ; doré ou argenté de préférence.

Posez votre matériel devant vous, ancrez-vous et centrez-vous.

Faites une liste de toutes les choses que vous aimeriez faire ou avoir, mais qui sont inaccessibles ; le genre de choses que vous pensez ne jamais pouvoir réussir à réaliser ou à posséder.

Lorsque vous avez rédigé votre liste, revenez-y et réfléchissez très fort. Vérifiez toutes les choses que vous avez écrites. Y en a-t-il que vous ne voulez pas vraiment à tout prix ? Y en a-t-il qui ne vous conviendraient pas réellement ? Si c'est le cas, barrez-les.

Quand vous avez réduit votre liste, découpez le papier en bandelettes, et écrivez un souhait sur chacune d'elles. Faites-le dans un état d'esprit positif et visualisez ces souhaits se réaliser.

Puis, avec les épingles de sûreté, fixez chaque morceau de papier sur le tissu bleu. Une fois que vous les avez tous épinglés, repliez le tissu et attachez-le avec le ruban ou le cordon.

Quand la pleine lune bleue s'est levée, sortez avec le paquet et tendez-le lui ; puis, demandez à ce que vos souhaits se réalisent, mais n'oubliez pas de remercier la déesse. Vous pouvez écrire un poème ou une incantation à dire à ce moment-là, si vous le souhaitez.

Une fois que vous avez terminé, mettez le paquet quelque part où vous le verrez régulièrement ; par exemple, sur votre autel.

Et attendez de voir ce qui se passe…

Lune rouge, Lune de sang

On appelle parfois la pleine lune d'octobre la Lune du chasseur, ou la Lune de sang. Ce nom vient des chasseurs qui pistaient et tuaient leur proie à la lumière de la lune d'automne, pour préparer leurs réserves de nourriture pour l'hiver.

La lune rouge-sang représente l'abondance, la moisson et la récolte ; c'est le moment de rendre hommage aux dieux et aux déesses qui correspondent à la chasse, et de les remercier pour l'abondance de la récolte et pour leurs bienfaits. En termes magiques, ceci correspond à des travaux pour apporter l'abondance dans votre vie, que ce soit sur le plan financier ou spirituel, pour la bonne santé, l'amitié, les relations et l'amour.

Éclipses

Une éclipse lunaire est un moment puissant pour pratiquer la magie, car les énergies de la lune sont amplifiées et concentrées. C'est le moment idéal pour apporter dans votre vie des transformations majeures, pour changer et vous libérer.

Prenez le temps de méditer et de chercher les zones de votre existence qui ont besoin d'une nouvelle énergie, d'idées neuves et de nouvelles perspectives. Regardez aussi les blocages qui vous empêchent d'atteindre vos buts et vos rêves. Libérez-vous de toute l'énergie négative qui vous empêche de suivre votre voie et concentrez-vous sur vos nouveaux objectifs. Soyez le phénix qui renaît de ses cendres.

Si vous faites de la magie lors d'une éclipse lunaire, souvenez-vous juste que le pouvoir qu'elle apporte peut être un peu imprévisible. Sachez bien ce que vous faites, et comment le gérer !

HUIT – JOURNAUX DE LA LUNE ET PÉRIODE DE LA LUNE

Journal de la Lune

Je vous encourage aussi à tenir un journal de la Lune, car elle est si puissante qu'elle peut affecter nos pensées, notre humeur et nos sentiments. Si vous suivez les phases de la Lune et si vous notez comment elles vous affectent et affectent vos émotions, vous commencerez vite à voir émerger un motif.

À chaque nouvelle lune et à chaque pleine lune, allumez une bougie sur votre autel et concentrez-vous sur les énergies.

Rendre hommage à votre cycle lunaire

Désolé les gars, mais ce sort-ci est fait pour les femmes. Cependant, si vous avez une femme dans votre vie, vous remarquerez peut-être ses sautes d'humeur… hum…

La société nous a appris que les règles sont quelque chose de détestable et parfois, elles peuvent être physiquement très désagréables pour certaines personnes. Mais je crois que si nous rendons hommage à notre cycle menstruel, nous pouvons apprendre à travailler avec notre corps et avec de la chance diminuer un peu les effets les plus indésirables des règles. Ce moment du mois devrait être une célébration de votre nature féminine ; le fait qu'une femme puisse créer la vie dans son propre corps est un écho de la Terre-Mère. J'ai constaté pour ma part et je l'ai confirmé en discutant avec diverses personnes, que si vous commencez à suivre les phases de la Lune, vos règles vont probablement se synchroniser avec ses pouvoirs.

Mais le pouvoir de la Lune qui affecte notre corps, nos émotions et nos niveaux d'énergie n'est pas réservé aux femmes ; il affecte aussi les hommes. Certes, ils n'ont pas de règles, mais le pouvoir de la Lune joue sur leur humeur et leurs émotions ; les hommes aussi peuvent mettre en relation leurs humeurs et les phases de la Lune.

NEUF – LA LUNE AU FIL DES SAISONS

Les sorcières célèbrent huit festivals saisonniers, les Sabbats, qui rendent hommage aux cycles de la nature et au processus de croissance, de décomposition et de renaissance dont nous faisons partie. Naturellement, certains festivals conviennent mieux à une lune croissante, à une pleine lune ou à une lune décroissante.

Yule est un moment de renaissance ; le Soleil cesse de reculer vers le sud, s'arrête (c'est le sens du mot solstice) et amorce son retour.

Imbolc est le moment où apparaissent les premiers signes du printemps. Dans les profondeurs du ventre de la Terre, la vie s'anime.

Ostara est un festival de fertilité végétale et marque le moment où le jour et la nuit sont de même durée.

Beltane est le moment où on célèbre la fertilité humaine, avec le mariage sacré de la déesse de la Terre et du dieu du Soleil.

Litha est le point culminant du cycle saisonnier, quand les heures de jour sont les plus longues.

Lughnasadh est la première moisson ; on célèbre l'abondance.

Mabon est le temps de la dernière moisson et celui où les brumes se lèvent et où le voile entre les mondes commence à s'amincir.

Samhain marque le début de la période la plus sombre de l'année, de la mort et de la décomposition qui doivent maintenant intervenir pour permettre une nouvelle croissance.

Les équinoxes et les solstices sont des moments astronomiques liées à la position du Soleil. Les festivals des quartiers dépendent des rythmes des plantes et des animaux. Il n'est pas difficile de voir comment on peut associer les différentes phases de la Lune aux différents festivals. En fait, le cycle mensuel de la Lune reflète le cycle annuel du Soleil.

Yule par exemple est associé à la nouvelle lune et on peut tout à fait le célébrer à ce moment ; tandis qu'Imbolc est associé au premier croissant, Beltane à la période qui précède la pleine lune, Litha à la pleine lune elle-même, et ainsi de suite dans le cycle décroissant, jusqu'à Samhain et l'approche de la lune sombre.

En prenant note des phases de la Lune et de leurs effets, vous pouvez aussi vous mettre en phase avec les différentes périodes de l'année. La faible lune mourante qui hante les petites heures du matin de Samhain peut avoir l'air encore plus triste à la fin de l'automne, tandis qu'une pleine lune autour de Beltane peut avoir l'air encore plus exubérante.

DIX – LA TRIPLE DÉESSE

On peut associer les phases de la Lune avec la Triple Déesse de la Lune et avec tous les aspects de la féminité ; le premier croissant est la Jeune Fille, pleine d'énergie et de potentiel, la pleine lune est l'aspect de la Mère, qui nourrit et pourvoit à tous les besoins, et enfin le dernier croissant et la lune sombre sont la Vieille Femme, la sage gardienne des mystères. Elles représentent le cycle de la vie : naissance, mort et renaissance.

La Jeune Fille est enchantement, nouveaux commencements, promesses, jeunesse, pureté, excitation et insouciance. Elle est la déesse de la beauté, de l'amour et de l'espoir. Elle est tout innocence. Sa saison est le printemps et sa couleur est le blanc.

La Mère est fertilité, stabilité, puissance, plénitude et vie. Elle est la déesse de l'amour, de la maternité, de la protection, de la guidance, de la paix intérieure, de l'intuition, du développement psychique et spirituel et de la bonté. Sa saison est l'été et sa couleur est le rouge.

La Vieille Femme est sagesse, compassion, connaissance et elle est emplie de toute une vie d'expérience. C'est la déesse de la sagesse et de l'expérience et aussi de la mort. Sa saison est l'hiver et sa couleur est le noir. C'est le stade ultime de la vie, mais c'est aussi un rappel du fait que les cycles ne s'arrêtent jamais ; et que la vie est un cycle continuel. Travailler avec la déesse sombre nous enseigne que nous avons besoin de la mort comme passage vers un autre endroit ; elle fait partie de notre cycle de vie.

Méditation de la Triple Déesse

Cette méditation va vous relier aux aspects de la Jeune Fille, de la Mère et de la Vieille Femme de votre propre personnalité. Les hommes peuvent faire la même chose pour se relier à leurs énergies féminines, ou ils peuvent remplacer les aspects de la Jeune Fille, de la Mère et de la Vieille Femme par leurs équivalents masculins, le Jeune Homme, le Guerrier et le Sage.

Mettez-vous à l'aise, détendez-vous et concentrez-vous sur votre respiration. Fermez les yeux. Inspirez profondément… Expirez profondément… Visualisez le monde réel disparaître.

Le monde s'efface autour de vous et vous vous retrouvez dans un vortex d'énergie tourbillonnante. Notez de quelle couleur il est, sentez la paix que cette énergie vous apporte, détendez-vous et laissez-le vous emporter. Laissez-le aussi emporter toutes les énergies négatives, les soucis et le stress qui vous accablent… Cette énergie vous emporte dans votre soi intérieur…

Petit à petit, le vortex d'énergie disparaît et vous vous retrouvez dans un bel endroit. Que pouvez-vous voir ? À quoi ressemble votre environnement ? Qu'est-ce que vous entendez et quelles odeurs pouvez-vous détecter ?

Le vortex vous a emporté dans le domaine de la Triple Déesse. Il fait jour, mais vous pouvez voir le premier croissant de la Lune dans le ciel. Le paysage autour de vous est vivant et lumineux. Vous vous sentez bien, en paix.

Vous regardez autour de vous et vous voyez un plan d'eau ; vous vous dirigez vers lui. Les berges de l'étang ont été décorées de belles fleurs et l'eau est si accueillante que vous vous déshabillez pour entrer dans l'eau. Elle vous fait vous sentir vivant, rafraîchi, renouvelé ; vous vous sentez jeune et dynamisé. C'est l'énergie de la Jeune Fille, de la lune croissante.

En sortant de l'eau, vous constatez que quelqu'un vous a laissé des serviettes propres ; vous vous séchez et vous habillez. Vous levez ensuite les yeux et vous voyez approcher une jeune et belle déesse… c'est vous dans votre forme de jeune fille. Vous vous asseyez près d'elle et vous parlez un moment… Elle a peut-être des conseils à vous donner ; elle a peut-être pour vous des réponses, ou un cadeau…

La déesse Jeune Fille s'en va maintenant et vous vous promenez de l'autre côté de l'étang, où vous voyez un petit autel couvert de fruits et de belles fleurs rouges. Au centre de l'autel, il y a un miroir. Vous vous rendez compte que tandis que vous parliez à la Jeune Fille, la Lune dans le ciel était devenue pleine.

Vous vous tenez devant le miroir et vous vous voyez lumineuse, pleine de vie et d'abondance. Vous vous regardez passer de jeune fille à mère, embrassant tout ce qui arrive. Vous vous rendez compte que quelqu'un s'approche de vous et quand vous vous retournez, vous voyez une déesse Mère, belle et forte.

Elle est vous dans votre phase de mère ; elle est assise, et parle avec vous. Elle vous rappelle les qualités de la mère en vous, attentionnée et nourricière ; elle vous rappelle aussi de ne pas négliger votre bien-être, mais de prendre soin de vous. Parlez avec elle, écoutez-la et acceptez les conseils ou les dons qu'elle vous offre. Elle est la force vitale. Quand vous avez terminé, elle s'en va.

Vous vous rendez compte que la Lune, dans le ciel, est maintenant à son dernier croissant. Vous regardez autour de vous et vous voyez un carrefour, auprès duquel est assise une déesse Vieille Femme, près de son chaudron ; vous vous approchez d'elle. Elle est âgée, mais encore belle. C'est vous, dans votre phase de vieille femme, la Sombre Mère, la femme sage. Elle vous demande de vous asseoir avec elle.

Asseyez-vous près d'elle et parlez avec elle ; posez-lui des questions, écoutez ses conseils. Elle vous demandera de vous reconnaître comme votre propre source de sagesse et de pouvoir. Abandonnez les doutes et le manque d'assurance de la Jeune Fille, les émotions de la Mère, et trouvez le centre de vous-même, le cœur, la partie de vous-même qui se relie à l'esprit. La déesse Vieille Femme vous demande de reconnaître votre part de ténèbres.

Quand vous êtes prêt, vous vous levez et remerciez la déesse Vieille Femme, puis vous revenez sur vos pas, vous dépassez l'autel, puis l'étang.

Vous sentez alors le vortex d'énergie tourbillonnante reprendre possession de vous, mais cette fois, il vous ramène à votre réalité. Tapez du pied sur le sol et faites bouger vos doigts pour revenir entièrement à cette réalité.

ONZE – LES NOMS DE LA LUNE

La Lune de chaque mois a son propre nom. Vous verrez que ces noms font en général référence au temps qu'il fait, à la région, à la culture, à la saison ou à un animal ; ces noms reflètent ce qui se passait à ce moment de l'année dans la vie des gens. Chaque Lune a aussi ses propriétés magiques particulières, ses propres correspondances.

Janvier

Lune du Loup, Lune calme, Lune des Neiges, Lune froide, Lune chaste, Lune *Disting* et Lune du Petit Hiver.

Faites de la magie pour les commencements, la protection, les problèmes personnels, les buts à atteindre, les plans cachés et pour inverser les sorts.

Février

Lune de Glace, Lune des Tempêtes, Lune cornue, Lune de Famine, Lune sauvage, Lune Rouge et de Purification, Lune de l'Éveil, Solmonath et Lune du Grand Hiver.

Faites de la magie pour la purification, la guérison, la croissance, la responsabilité, le pardon, l'amour de soi-même et les nouveaux plans.

Mars

Lune des Tempêtes, Lune des Graines, Lune des Vents, Lune du Labour, Lune des Vers, Herthmonath, Lentzinmanoth, Lune du Carême, Lune de la Sève, Lune des Corneilles et Lune des Giboulées.

Faites de la magie pour la prospérité, l'exploration, les nouveaux commencements, l'équilibre, la vérité, l'honnêteté et la lucidité dans une situation.

Avril

Lune de la Croissance, Lune du Lièvre, Lune des Graines ou des Plantations, Lune des Planteurs, Lune des Bourgeons, Eastermonath, Ostarmanoth, Lune rose, Lune de l'Herbe Verte.

Faites de la magie pour la créativité, l'équilibre, le changement, la confiance en soi, les opportunités, les émotions et la productivité.

Mai

Lune du Lièvre, Lune joyeuse, Lune des Dryades, Lune des Fleurs, Lune du Retour des Grenouilles, Thrilmilcmonath, Pousses de Chou, Winnemanoth, Lune des Plantations et Lune Quand les Poneys Muent.

Faites de la magie pour la créativité, l'intuition, la magie des fées, la magie des arbres et des plantes, le travail psychique et le lien avec les esprits.

Juin

Lune de l'Hydromel, Lune des Chevaux, Lune des Amoureux, Lune du Soleil Puissant, Lune de Miel, Aerra Litha, Brachmanoth, Lune des Fraises, Lune des Roses et Lune de l'Engraissement.

Faites de la magie pour la protection, la force, les décisions, la responsabilité, les problèmes personnels et la puissance intérieure.

Juillet

Lune des Foins, Lune des Herbes, Lune de la Déclaration, Lune du Sang, Lune de la Bénédiction, Maedmonat, Hewimanoth, Lune de la Jachère, Lune des Daims et Lune du Tonnerre.

Faites de la magie pour la relaxation, la préparation, la réussite, les rêves, la divination, les nouveaux plans, pour atteindre vos buts et pour le travail spirituel.

Août

Lune du Grain, Lune de l'Orge, Lune des Disputes, Wedmonath, Lune des Moissons et Lune Quand les Cerises Mûrissent.

Faites de la magie pour les projets de moisson, pour récolter ce que vous avez semé, pour l'appréciation, la santé, l'amitié et l'abondance.

Septembre

Lune des Moissons, Lune du Vin, Lune des Chants, Lune de l'Esturgeon, Haligmonath, Witumanoth et Lune Quand les Cerfs Grattent la Terre.

Faites de la magie pour l'équilibre, l'organisation, la purification, le nettoyage mental et spirituel et pour trouver la paix.

Octobre

Lune de Sang, Lune des Moissons, Lune du Chasseur, Lune de la Mue, Winterfelleth, Windermonath, Lune des Feuilles Tombantes, Lune des Dix Froids et Lune des Saisons qui Changent.

Faites de la magie pour la divination, les contacts spirituels, la mort et la renaissance, la justice, l'équilibre, harmonie et pour laisser aller ce qui ne sert pas votre plus grand bien.

Novembre

Lune des Neiges, Lune sombre, Lune du Brouillard, Lune du Castor, Lune du Deuil, Blotmanoth, Herbistmanoth, Lune folle, Lune des Tempêtes et Lune Quand les Cerfs Perdent leurs Bois.

Faites de la magie pour la transformation, la préparation, la force, la communication avec le divin et le travail intérieur.

Décembre

Lune froide, Lune du Chêne, Lune du Loup, Lune des Longues Nuits, Aerra Geola, Wintermonat, Heilagmanoth, Lune du Grand Hiver et Lune des Arbres qui Éclatent.

Faites de la magie pour la mort et la renaissance, l'équilibre, les questions spirituelles, la famille, les amitiés, les relations, le travail avec l'ombre et les problèmes personnels.

DOUZE – CALENDRIER CELTIQUE DES ARBRES

Je ne suis pas sûre de l'âge du calendrier celtique des arbres. Certains disent qu'il est aussi vieux que les Oghams ; d'autres disent qu'il s'agit d'une invention moderne due à l'écrivain Robert Graves. Quoi qu'il en soit, c'est un beau calendrier, agréable à suivre, et il est basé sur treize mois, chacun portant le nom d'un arbre et tous basés sur l'alphabet des Oghams. Mon propre coven organise des célébrations rituelles à chaque pleine lune, basées sur ce calendrier des arbres.

Beth (Bouleau) du 24 décembre au 20 janvier

Un temps de renaissance et de régénération, de nouveaux projets et de nouvelles entreprises. C'est le moment de tourner à nouveau le regard vers la lumière, et un temps de changement.

Luis (Sorbier) du 21 janvier au 17 février

Cette lune est associée à la déesse Brighid. C'est un bon moment de l'année pour effectuer des initiations ou des auto-consécrations. Il représente l'intuition, la protection et la vision intérieure.

Nion (Frêne) du 18 février au 17 mars

Le frêne est l'Arbre du Monde, Yggdrasil. C'est un mois où on peut travailler sur la magie intérieure et pratiquer des voyages spirituels. C'est un bon moment pour se relier aux énergies de tous les mondes, visibles et invisibles.

Fearn (Aulne) du 18 mars au 14 avril

L'aulne est un arbre d'équilibre, qui favorise l'action issue de l'inspiration. C'est un bon mois pour pratiquer la divination et pour les prophéties, ainsi que pour dynamiser votre propre intuition.

Saille (Saule) du 15 avril au 12 mai

Le saule est un arbre de guérison et de protection. Il peut nous aider à nous relier à nos émotions et nous apporter la force intérieure.

Uath (Aubépine) du 13 mai au 9 juin

Ce mois lunaire est en rapport avec la fertilité, l'énergie masculine et le feu. L'aubépine est bonne pour la protection et on dit qu'elle pousse près des entrées du monde des fées.

Duir (Chêne) du 10 juin au 7 juillet

Le chêne, cet arbre fort et puissant, porte en lui les énergies magiques de force intérieure et de courage. C'est un bon mois pour lancer des sorts de force et de protection, ainsi que des sorts de prospérité.

Tinne (Houx) du 8 juillet au 4 août

Le houx est un arbre d'équilibre, de chance et de protection. L'arbre peut contribuer à restaurer votre sens de l'orientation, à ramener l'équilibre dans votre vie et à résoudre des situations chargées sur le plan émotionnel.

Coll (Noisetier) du 5 août au 1er septembre

C'est vraiment là l'arbre du Jedi ! Il porte en lui les énergies magiques qui vous aideront à puiser dans votre force vitale intérieure. Il apporte créativité et inspiration pour provoquer des changements positifs.

Muin (Vigne) du 2 septembre au 29 septembre

Les raisins ! Ce qui implique les vendanges et donc les récoltes ; ce mois-ci, vous pouvez récolter ce que vous avez semé. C'est un bon mois pour retrouver l'équilibre et pour apporter bonheur et passion dans votre vie.

Gort (Lierre) du 30 septembre au 27 octobre

Le lierre nous rappelle le cercle de la vie et que mort signifie renaissance. C'est un bon moment de l'année pour débarrasser votre vie de toute négativité ; c'est un temps d'améliorations.

Ngetal (Roseau) 28 octobre au 24 novembre

Oui, je sais : techniquement, le roseau n'est pas un arbre. Il est en rapport avec l'Inframonde et avec les âmes des trépassés. La Lune du Roseau est un bon moment pour la voyance et la divination, et pour travailler avec les esprits guides.

Ruis (Sureau) du 25 novembre au 23 décembre

C'est un temps de fins et de nouveaux commencements, de mort et de renaissance. Le sureau est une sorte de phénix qui vous donne la capacité de vous relever des cendres. C'est un temps de régénération qui apporte avec lui sagesse et compréhension.

TREIZE – DIVINITÉS LUNAIRES

Il y a des milliers de divinités différentes, chacune avec sa propre personnalité ; certaines sont spécifiquement alignées à la magie lunaire. La liste ci-dessous vous en présente quelques-unes ; mais elle n'est en aucune façon exhaustive.

Alignak : Dieu inuit de la Lune et du Temps ; il contrôle aussi les marées, les tremblements de terre, et les éclipses.

Andante : Ancienne déesse britannique qui était, disait-on, vénérée par la reine Boudicca et reliée à la Lune. C'est une déesse de la Guerre, mais sous son aspect lumineux, elle gouverne l'amour et la fertilité. Ses animaux sont le corbeau et le lièvre.

Anuket : Déesse égyptienne du premier croissant de Lune, de l'Agriculture et du Nil. Elle prend aussi soin des pauvres. Ses symboles sont les coquillages, les pièces de monnaie et les poissons.

Arianrhod : Déesse galloise de la lune sombre, des étoiles, de la mer, de la réincarnation, de la prophétie, des rêves et du futur. Son nom signifie disque ou roue d'argent. Elle fait partie d'une triade de déesses avec Blodeuwedd et Cerridwen. Elle est capable de se changer en chouette. Elle accueille les âmes des morts et les guide dans leur passage. C'est aussi l'une des cinq déesses d'Avalon (avec Blodeuwedd, Branwen, Cerridwen et Rhiannon).

Artémis : Déesse grecque de la Chasse, associée au premier croissant de la Lune. Son frère jumeau, Apollon, est associé au Soleil et elle est peu à peu devenue une déesse de la Lune, pour l'équilibre. Elle gouverne aussi les forêts, les régions boisées et les animaux sauvages et elle défend les faibles et les jeunes. Ses symboles sont l'arc et la flèche, le cerf et l'ours.

Artimpaasa : Déesse scythe de la Lune et des Marées. Elle gouverne aussi l'amour et les relations familiales.

Athéna : Déesse grecque du tissage, qui est souvent une caractéristique associée à la Lune. Athéna est aussi la déesse de la Sagesse et l'une des trois déesses grecques vierges. Elle protège et défend et c'est aussi une philosophe. Ses symboles sont la chouette et l'olivier.

Auchimalgen : Déesse sud-américaine de la Lune. C'est l'esprit de la compassion. Elle veille sur l'espèce humaine, la protégeant et éloignant d'elle le mal.

Bendis : Déesse thrace de la Lune, souvent associée à Artémis et à Hécate. C'est la déesse de la chasse, des mystères, des orgies, des athlètes et de la Lune.

Blodeuwedd : Déesse galloise reliée à la fois à la Lune, à la mort et à la réincarnation (aspects de la lune sombre). C'est la jeune fille de la triade de la Triple Déesse (avec Arianrhod et Cerridwen). C'est la reine de mai, la déesse du printemps, des fleurs et des initiations. On la connaît aussi pour sa traîtrise et ses manipulations.

Cerridwen : Déesse galloise associée à la pleine lune. C'est aussi la déesse de la Sagesse, de l'Inspiration et de l'Intuition. Gardienne du chaudron sacré où elle prépare l'*awen*, elle représente la transformation spirituelle et la justice. Elle couvre les trois aspects de la Triple Déesse, mais elle forme aussi une triade avec Blodeuwedd et Arianrhod. Elle gouverne la prophétie et la magie, la mort et la renaissance. Son animal est la truie blanche.

Ch'ang-O : Déesse chinoise de la Lune. Ch'ang-O et son époux avaient été bannis du monde d'en haut pour vivre comme des mortels. Elle voulait revenir et elle a donc bu une potion d'immortalité destinée à tous les deux, qui l'a envoyée flotter jusqu'à la Lune où elle doit maintenant rester pour l'éternité. Ses symboles sont l'encens, les aliments sucrées et le lièvre.

Coyolxauhqui : Déesse aztèque dont le nom signifie « cloches d'or ». Elle est morte dans le ventre de sa mère, tuée par son frère qui lui a coupé la tête et l'a envoyée dans le ciel, où elle se trouve encore aujourd'hui… C'est la Lune. Elle est souvent représentée comme une belle jeune fille portant des vêtements décorés d'images de la Lune et de cloches.

Cybèle : Déesse romaine de l'inframonde, associée à la lune sombre. C'est la mère des dieux, la déesse de la Fertilité et de la Nature. Elle protège aussi contre la guerre et les invasions.

Demeter : Déesse de la pleine lune, de la moisson et de l'agriculture. C'est l'aspect Mère de la Triple Déesse, avec Perséphone et Hécate. Son symbole est une corne d'abondance. Elle veille toujours sur ceux qui sont dans le besoin.

Diane : Déesse romaine de la chasse, des forêts, des régions boisées et de la Lune, et reine des sorcières. Elle est très belle, gouverne la magie, et protège les femmes. Elle veille sur tous les animaux, les pauvres et les personnes soumises à une servitude.

Ereshkigal : Déesse sumérienne qu'on appelait reine de l'inframonde. C'est l'aspect Vieille Femme de la Triple Déesse et comme telle, elle est la déesse de la lune sombre. Elle représente non seulement l'obscurité et les choses invisibles, mais aussi l'ombre de notre personnalité.

Freyja : Bien qu'on ne la désigne pas comme déesse de la Lune, elle a un grand nombre d'attributs qui la relient à la fois à la pleine lune et à la lune sombre. C'est la déesse de l'Amour et de la Guerre et une belle Déesse Jeune Fille. Elle représente l'amour, la famille, la sensualité, les âmes des morts et la poésie.

Gleti : Déesse de la Lune d'Afrique occidentale, c'est la mère des étoiles et des planètes et elle gouverne l'amour et la lumière. Son époux est le dieu du Soleil.

Hécate : La forme grecque la plus ancienne de la Triple Déesse. Elle est reliée à l'accouchement et à la virginité, et elle incarne donc tous les aspects des phases de la Lune, mais elle est souvent associée à la lune sombre car elle représente la magie, les fantômes et le monde des esprits. Ses pouvoirs s'étendent sur le ciel, la Terre et l'inframonde ; c'est la protectrice du monde des esprits et elle est liée aux carrefours.

Imatar : Déesse finno-ougrienne du premier croissant de la Lune.

Inanna : Également connue comme Ishtar à Babylone, c'est la déesse sumérienne de l'Amour et de la Guerre, la reine du Ciel, de la Terre et de la pleine lune ; et on considère aussi qu'elle représente les étoiles. Inanna est aussi la déesse de la séduction, de la sensualité, de la fertilité, des accouplements, de la sagesse et de la magie de la vie et de la mort. Son côté déesse de la Guerre protège ses fidèles. Ses symboles sont l'étoile à huit pointes et le lion.

Ix Chel : Déesse maya de la Lune, et mère des divinités mayas, elle gouverne la vie et la mort. Elle couvre tous les aspects de la féminité, de la jeune fille à la vieille femme et elle représente la créativité, l'inspiration, le tissage, les artistes et les musiciens.

Maât : Déesse égyptienne de la justice, de l'ordre, de la vérité, de l'équilibre, de la loi et du premier croissant de la Lune. Elle met en balance l'âme des défunts avec sa plume de vérité pour décider si elle va aller dans la terre des morts ou être détruite.

Mama Quilla/Mama Killa, Quillamama : Déesse inca du temps et de la pleine lune. Elle maintient le flux du temps et c'est la gardienne du calendrier. Elle protègbe aussi les femmes mariées.

Marama : Déesse maori de la Lune, originaire de Nouvelle-Zélande. C'est une déesse de lumière et de résurrection, qui rassemble les âmes des morts et s'assure qu'elles s'éloignent des vivants et poursuivent leur chemin.

Manidroe : Dieu nordique, fils de Mundilfore, il conduisait le chariot de la Lune.

Mawu : Cette déesse d'Afrique occidentale gouverne la Lune et la nuit ; elle apporte la sagesse avec elle et incarne la maternité. Elle a un consort jumeau, Liza, un dieu solaire. Son symbole est le coquillage cauri.

Neith : Déesse égyptienne des femmes, du mariage, de la guerre, de la chasse, du tissage et du premier croissant de Lune.

Nephtys : Déesse égyptienne des morts, des ténèbres, des mystères de la mort et de la lune sombre. C'est une puissante déesse qui protège les âmes et dispose d'un grand pouvoir magique. C'est la reine de l'inframonde et elle offre la renaissance.

Pajau Yan : Déesse vietnamienne de la Santé, de la Guérison et de la Lune. Elle donne bonne fortune aux vivants et aide les morts à entrer dans l'inframonde ; elle réside dans la Lune.

Pasiphaé : Déesse crétoise de la Lune à trois visages, c'est un oracle et une sorcière puissante. Elle gouverne aussi le Soleil.

Parvati : Déesse indienne des énergies féminines, de la féminité, de la patience, des artistes, des danseurs, des poètes et du croissant de Lune. C'est la Jeune Fille de la triade de la Triple Déesse qui inclut Durga et Kali Ma.

Séléné : Déesse grecque de la magie lunaire, du sommeil, des rêves, et de la prophétie. Son frère est Hélios, dieu grec du Soleil.

Sina : Déesse polynésienne qui vit dans la Lune et protège ceux qui voyagent de nuit. Elle a voyagé en canoë jusqu'à la Lune et l'a tant aimée qu'elle y est restée !

Thot : Dieu égyptien de la Lune, il représente aussi la magie et la sagesse.

Vénus : Déesse romaine de l'Amour, du Sexe, de la Beauté, elle est associée à la pleine lune. Elle chasse les problèmes et les angoisses et apporte joie et bonheur ; c'est aussi la déesse des prostituées.

Vesta : Déesse romaine de l'âtre, du foyer, du feu, de la domesticité, de la famille et du premier croissant de Lune.

Yemaya : Déesse africaine de l'eau, de la mer, des énergies féminines, des femmes, de la grossesse, de la naissance, de la guérison et de la lune.

Méditation pour rencontrer une divinité de la Lune

Détendez-vous et mettez-vous à l'aise, fermez les yeux et concentrez-vous sur votre respiration. Inspirez profondément… Expirez profondément… Visualisez le monde réel disparaître.

Le monde s'efface autour de vous et vous vous retrouvez dans un bâtiment de pierre. Vous regardez tout autour de vous et vous vous rendez compte que vous êtes dans une cour, entourée de piliers de pierre ; sous vos pieds, une belle mosaïque orne le sol.

Vous levez les yeux et vous vous rendez compte que ce bâtiment n'a pas de toit et que vous pouvez voir le bleu indigo foncé du ciel nocturne. Il est rempli d'étoiles scintillantes et une belle Lune fait briller sa lumière au centre de la cour.

À une extrémité de la cour vous remarquez un siège de pierre recouvert de coussins ; vous vous en approchez et vous vous y installez confortablement.

Une fois assis, vous pouvez embrasser tous les détails de votre environnement. Les piliers qui entourent la cour sont peints abondamment de magnifiques symboles et signes lunaires.

Vous entendez alors du mouvement et vous voyez un personnage traverser la cour dans votre direction. À son approche, vous le distinguez mieux. À quoi ressemble cette personne ? Que porte-t-elle ? Elle vient tout droit s'asseoir auprès de vous.

C'est l'occasion de poser toutes les questions que vous voulez. Passez autant de temps que vous le souhaitez en conversation avec elle.

Quand vous êtes prêt, la divinité vous prend dans ses bras avant de s'en aller, emportant vos remerciements.

Revenez à l'entrée de la cour et dans notre réalité, tapez du pied sur le sol et faites bouger vos doigts.

QUATORZE – MAGIE EN L'HONNEUR DE LA LUNE

Fabriquer un autel lunaire

Vous pouvez mettre en place un autel pour rendre hommage aux phases de la Lune et aux sombres mystères de la nuit. Il n'a pas besoin d'être très grand : une petite étagère ou un coin de buffet. Suivez votre instinct (comme toujours !) pour choisir ce que vous y mettrez ; mais vous pouvez vous inspirer des suggestions suivantes :

Bougies : Changez de couleur à chaque phase de la Lune. (Je vous suggère le blanc pour la lune croissante, le rouge pour la pleine lune et le noir pour la lune décroissante, pour représenter les trois phases de la Triple Déesse.) Vous pouvez aussi utiliser des bougies blanches ou argent pour la Lune, et des bougies de couleurs plus foncées pour la nuit, comme rouge foncé, vert forêt, ou bleu foncé.

Herbes, cristaux, coquillages, bol d'eau : Mettez des cristaux qui symbolisent les phases de la Lune ou la nuit. Comme cristaux nocturnes, vous pouvez choisir les larmes d'Apache, l'obsidienne, l'angélite, la célestite, le quartz fumé, la fluorite, le quartz, le jais, le béryl bleu, la pierre de lune, la sélénite, la perle, l'opale, l'onyx, la sodalite, les agates de couleur sombre, l'aigue-marine et la nacre.

Animaux de pouvoir de la lune

Mettez sur votre autel des images d'animaux-totems qui correspondent à la Lune ou à la nuit.

Il s'agira en général de créatures nocturnes, mais si vous constatez que vous avez plus d'affinités avec d'autres animaux, suivez ce qui se présente à vous. Voici quelques suggestions d'animaux de pouvoir liés à la Lune :

Chat : Les pouvoirs du chat comprennent la curiosité (bien sûr !), l'amour, le mystère, l'indépendance, la guérison, la magie, la capacité à voir l'invisible, les rêves, la protection, les énergies féminines, l'intuition, la télépathie, l'acceptation de soi, la fertilité et la prévoyance.

Chauve-souris : (Évident, non ?) Les pouvoirs de la chauve-souris comprennent l'évitement des obstacles et des barrières, la transformation, la libération des mauvaises habitudes et des traits de caractère négatifs, l'aptitude à tirer des leçons des vies antérieures, le voyage, l'intuition, la compréhension des rêves, l'illusion et la communication.

Chien : Les pouvoirs du chien comprennent la loyauté, la dévotion, la protection, l'amitié, la camaraderie, la fidélité, l'esprit d'équipe, le dévouement, la communication, la force, l'endurance, la chasse, la récupération, le gardiennage, la loi, l'ordre et l'inframonde.

Chouette : Les pouvoirs de la chouette comprennent le mouvement rapide et silencieux, la vue perçante, la révélation des tromperies, la sagesse, la magie, l'obscurité, la liberté, la métamorphose, la clairvoyance, la projection astrale, les messages, la découverte de la vérité cachée, les secrets et les présages ; c'est un excellent guide dans l'inframonde.

Corbeau : Les pouvoirs du corbeau comprennent l'introspection, le courage, la connaissance de soi, la magie, la guérison, la création, la renaissance, les secrets, la métamorphose, le respect, les modifications de la conscience, la volonté, l'intention, les mystères, les changements, l'éveil spirituel, le travail intérieur, la transformation et le mysticisme.

Corneille : Les pouvoirs de la corneille comprennent le changement, le mouvement, le mystère, l'illusion, le caché et le sacré, l'interprétation, la tromperie, les symboles, les présages, les rêves, le travail sur l'ombre, les opportunités cachées, la métamorphose, la clairvoyance, l'intuition, l'introspection, la sagesse, l'intégrité, l'attention, la vérité, les normes, le changement, le passé, le futur, les messages, la magie, les opportunités, la ruse, les forces invisibles, les forces spirituelles lumineuse et obscure.

Dragon : Il y a de très nombreuses variétés de dragon et on pourrait écrire tout un livre rien que sur eux. Mais en règle générale, les pouvoirs du dragon comprennent la puissance, la transformation, l'infini, la sagesse, le surnaturel, le changement et la guidance.

Jaguar : Les pouvoirs du jaguar comprennent la reconquête de son pouvoir personnel, l'agressivité, la puissance, les énergies lunaires, la capacité à faire plusieurs choses à la fois, la solitude, la clairaudience, les visions intérieures, l'intuition, le guide, l'enseignant, le mentor et la magie.

Lièvre : (Un animal tout à fait lunaire ; certains voient un lapin dans les taches de la Lune.) Les pouvoirs du lièvre comprennent la transformation, les enseignements cachés, l'intuition, les messages, la vivacité d'esprit, la protection, la fertilité, l'insouciance et la rêverie.

Loup : Les pouvoirs du loup comprennent l'enseignement, l'individualité, la métamorphose, la conscience de groupe, la loyauté, le dévouement, le talent, le rituel, l'attention aux détails, la sécurité, les gardiens, la spiritualité, la vérité, la famille, les énergies lunaires, les émotions, la confiance et l'intuition.

Panthère noire : Les pouvoirs de la panthère noire comprennent la mesure, les réactions rapides, le respect des délais, la profondeur de vue, la vision psychique, la connaissance intérieure, la passion, la sensualité, les pouvoirs féminins, la sombre mère, la lune sombre, le pouvoir de la nuit, la mort et la renaissance, la ruse, la force, la témérité, la beauté, le voyage astral et le voyage dans l'autre monde.

Papillon de nuit : Les pouvoirs du papillon de nuit comprennent le travail avec l'ombre, la transformation, la métamorphose, la capacité à trouver de la lumière dans les ténèbres, le fait d'entendre les paroles non dites, les aptitudes psychiques, la guérison, l'optimisme, le fait de laisser aller les énergies négatives et d'aller de l'avant.

Serpent : Les pouvoirs du serpent comprennent la fertilité, la guérison, la mort, l'autre monde, la sexualité, la sensualité, la magie, le mystère, la renaissance, la réincarnation, l'immortalité, l'esprit, la garde, la protection, le changement, la créativité, l'énergie psychique, la sagesse, la compréhension et la connexion avec l'esprit.

Vache et taureau : Le taureau symbolise la fertilité, tandis que la vache est un symbole de maternité et de bienveillance. L'énergie de la vache est très lunaire, tandis que le taureau symbolise le Soleil, bien que ses cornes aient la forme d'un croissant de Lune. Le taureau est la terre, les possessions, l'ordinaire, l'union du masculin et du féminin, la production, les nouvelles semailles, l'obstination, l'insensibilité, l'affirmation des énergies féminines et l'insécurité. La défense de la famille, la satisfaction, la conscience de son environnement, la vigilance, le soin et la force sont tous des pouvoirs de la vache et du taureau.

Méditation pour rencontrer votre totem/ gardien nocturne

Détendez-vous et mettez-vous à l'aise. Fermez les yeux. Concentrez-vous sur votre respiration. Inspirez profondément… Expirez profondément… Visualisez le monde réel disparaître.

Le monde s'efface autour de vous et vous vous retrouvez dans un champ au crépuscule. Vous respirez l'air parfumé du soir.

Vous regardez autour de vous pour prendre la mesure de votre environnement et le paysage vous coupe le souffle. Sur l'horizon, devant vous, se trouve l'ancien site sacré de Stonehenge, les pierres se découpant sur le ciel.

Vous avancez vers le cercle de pierres…

En atteignant l'enceinte extérieure, vous tendez le bras et posez la main sur l'une d'entre elles. Sentez l'énergie de la Terre, vaste et profonde…

Quand vous êtes prêt, dirigez-vous vers le centre du cercle de pierres, et asseyez-vous sur le sol. Demandez à votre totem nocturne de se faire connaître…

Restez assis tranquillement et regardez la terre, les pierres et le ciel… Voyez quel animal vient à vous…

Quand une créature apparaît, voyez si vous pouvez communiquer avec elle (ne vous inquiétez pas si vous ne rencontrez pas d'animal cette fois-ci, il faut parfois plusieurs tentatives).

Quand vous êtes prêt, remerciez votre guide nocturne et sachez que si vous avez besoin de vous relier à nouveau à ses énergies, il reviendra vers vous.

Sortez du cercle de pierres et retraversez le champ.

Revenez lentement à cette réalité, tapez du pied sur le sol et faites bouger vos doigts.

QUINZE – FAIRE DESCENDRE LA LUNE

La plupart des sorcières connaissent, ou ont déjà effectué, le rite appelé la Descente de la Lune (on peut aussi faire descendre le Soleil). Ce rituel remonte supposément aux sorcières dianiques de Thessalie, en Grèce antique. C'est un rituel puissant, qui peut donner lieu à des expériences très émouvantes, qui peuvent faire la lumière sur chaque aspect de votre vie et de votre être intérieur. Il peut aussi éveiller vos aptitudes psychiques. Je donne ici mon interprétation du rituel de Descente de la Lune ; si vous préférez, vous pouvez en trouver des versions plus structurées et plus cérémonielles sur internet. Il s'agit d'attirer le pouvoir de la Lune pour entrer en transe et canaliser le pouvoir de la déesse. Dans certains covens ou certaines traditions, c'est la Grande Prêtresse qui prononce la Charge de la Déesse (le texte de la toute première Charge a été attribué à Doreen Valiente). Je vous propose ici, en guise d'invocation, une version de la Charge de la Déesse écrite par Lesley Lightbody :

Diane, Astarté, Kali Ma,
Rhiannon, Ishtar, Athéna,
Noms oubliés, noms bien présents,
En l'honneur des voies d'autrefois ;
Déesse-Mère, toi qui m'entends,
J'invoque ton nom, trois fois trois,
Dans la joie de l'Esprit du Tout ;
Nous avons grand besoin de toi,
De ta présence parmi nous
Et de l'étreinte de tes bras.

Ici, autour du feu sacré,
Neuf est le nombre de tes bois,
Nous honorons les oubliés,
Par ce grand brasier qui flamboie !
La Divine Mère est en tous
Mais bienheureux qui la perçoit ;
Quand on cherche la connaissance
On la trouve en un seul endroit,
Pas au-dehors, mais au-dedans :
Il n'y a rien de plus patent.

Protectrice de la forêt,
Des bois profonds et des vallées,
Des humains et des animaux,
L'espace est moins ancien que toi ;
Tu connais les temps primordiaux,
Et dans la Lune tu flamboies.
Ton cercle est un endroit sacré,
Celui d'où partent tes prières,
Cercle de vie ou de bonté !
Jeune ou bien vieille, fille ou mère,
Nous honorons tous tes aspects !

Certes la Dame a bien des noms ;
Partout se répand sa légende.
Le monde est sous sa protection,
Sous son regard couleur lavande.
Elle règne sur la verdure,
Partout, sur la terre et au ciel,

Sur l'étendue de la nature !
Nous qui entendons son appel,
Sa bénédiction est sur nous,
Car la déesse est tout pour nous.[1]

Il est très important de pratiquer ce rituel en extérieur, car vous devez être en mesure de voir la Lune ; il est préférable que ce soit la pleine lune. Même par temps nuageux, vous pourrez tout de même bénéficier du pouvoir de la pleine lune.

Tracez un cercle et appelez les quartiers comme vous le feriez pour tout rituel. Puis commencez lentement à respirer la lumière de la Lune, emplissant tout votre corps de ses rayons. Mais assurez-vous de commencer par vous ancrer un peu au préalable, pour éviter que vos pieds ne quittent le sol !

Le but est d'entrer en transe pour que la déesse puisse se servir de vous comme d'un canal. Vous pouvez le faire au moyen d'invocations, mais j'ai constaté que tourner lentement sur soi-même en essayant de garder un œil sur la Lune est très efficace. En vous arrêtant, vous aurez l'impression que la Lune se précipite vers vous. Comme le pouvoir de la Lune entre dans votre corps, vous pouvez percevoir des images ou recevoir des messages. Ils seront peut-être pour vous, mais si vous travailler dans un groupe, ces messages peuvent aussi être pour d'autres participants du rituel. Dites à voix haute tout ce que vous voyez et entendez, qu'il s'agisse de mots, de symboles ou d'images.

Quand les messages ont cessé, vous pouvez vous agenouiller sur le sol et poser devant vous un bol rempli d'eau pour une séance de *scrying* (ou de clairvoyance). Assurez-vous que la lune brille directement sur l'eau ; vous pourrez ainsi voir d'autres images apparaître à sa surface.

Quand vous avez terminé et que vous avez refermé votre rituel, veillez à bien vous ancrer.

1. Ndt : adapté de l'original..

Vous aurez peut-être envie de rédiger tous les messages dès que vous aurez terminé, car ils ont tendance à s'effacer très rapidement de la mémoire.

Dans un coven, c'est généralement la Grande Prêtresse qui fait descendre la Lune ; mais plusieurs membres d'un groupe peuvent tout à fait le faire en même temps.

SEIZE – SIGNES ASTROLOGIQUES DE LA LUNE

Tout le monde, même les gens qui n'ont absolument aucun intérêt pour l'astrologie, connaît probablement son signe zodiacal de naissance. On parle de « signe zodiacal », mais il s'agit en fait de votre signe solaire ; et nous avons donc aussi, tout naturellement, un signe lunaire.

Nous connaissons bien le zodiaque et le cycle du Soleil au travers de ses douze signes. Mais la Lune (et toutes les planètes) les parcourt également. La Lune traverse un signe en un peu plus de deux jours ; son passage dans le zodiaque tout entier prend un peu moins de vingt-huit jours. Il y a treize de ces cycles dans une année. Ceci signifie que la pleine lune se produit chaque mois dans un signe différent du zodiaque. La Lune, quand elle est pleine, se trouve toujours dans la constellation directement opposée au Soleil ; donc, si vous savez quel signe est occupé par le Soleil, vous savez que la pleine lune sera dans le signe opposé (la Lune se déplace plus vite que le Soleil).

Si vous pouvez pratiquer votre opération magique quand la Lune est dans un signe particulier du zodiaque, vous lui donnerez beaucoup plus de pouvoir. Si vous ajoutez à cela la phase correcte de la Lune, vous aurez une puissance vraiment extraordinaire !

Bélier

Général : Action, prise de risques, indépendance. Pour apporter énergie et enthousiasme à vos plans ou à vos nouvelles entreprises. Expression de soi, autonomie, enthousiasme et spontanéité.

Attention à l'impulsivité, à l'impatience, au manque d'énergie et d'organisation et au tempérament.

Nouvelle lune : Confiance en soi, apprentissage, contrôle de la peur et de la colère, nouveaux projets et prise de risques.

Pleine lune : Rencontres, histoires d'amour, musique, honneur.

Élément : Feu.

Couleur : Rouge.

Encens : Cannelle, basilic, ortie, cerfeuil, ginseng, pin, gingembre, armoise, géranium.

Mélange pour encens du Bélier : Parties égales de cèdre, ginseng, basilic et pin, avec quelques gouttes d'huile essentielle de gingembre.

Taureau

Général : Questions pratiques, permanence, sexualité, sécurité financière, prospérité, assurance pour s'exprimer, croissance en tout genre, stabilité, paix, affection, dévouement et harmonie, endurance, faire entrer l'amour dans votre vie.

Attention à l'avidité, à l'obstination, à la possessivité et à l'envie de n'en faire qu'à sa tête !

Nouvelle lune : Prospérité, harmonie, investissement, buts à long terme, amour, guérison et paix.

Pleine lune : Réussite, argent, sérénité et investissements.

Élément : Terre.

Couleurs : Bleu clair à moyen, vert, rose, mauve, orange brûlé.

Encens : Benjoin, menthe, thym, violette, guimauve, armoise, verveine, herbe à chats.

Mélange pour encens du Taureau : Parties égales d'armoise, de verveine et de thym, avec quelques gouttes d'huile essentielle de benjoin.

Gémeaux

Général : Jouer avec les idées, apprentissage, intellect, faire plusieurs choses à la fois, communiquer (mais ce signe n'est pas bon pour les changements permanents), voyages courts, communication en affaires, marchés et transactions, régler les différends.

Attention à la manipulation, au manque de concentration, à la désorganisation et aux coups de poignard dans le dos.

Nouvelle lune : Apprentissage, recherche, équilibre, méditation, divination, questions familiales, se débarrasser de l'ancien et faire entrer le nouveau.

Pleine lune : Magie, messages, guérison et religion.

Élément : Air.

Couleurs : Bleu, jaune, violet.

Encens : Lavande, aneth, persil, anis, romarin, sauge, mélisse, marjolaine.

Mélange pour encens des Gémeaux : Parties égales de mélisse, de sauge et de lavande, avec quelques gouttes d'huile essentielle de romarin.

Cancer

Général : Le foyer, les enfants et la famille (mais attention à la sensibilité des autres), maternité, grossesse, trouver un nouveau foyer, explorer les vies antérieures, trouver des décorations d'intérieur qui vous plaisent, émotions, travail psychique, protection et compassion.

Attention aux sautes d'humeur, à la tendance à faire des reproches aux autres, à les juger et à s'attarder sur le négatif.

Nouvelle lune : Problèmes féminins, paix, protection, talents psychiques, rêves, divination, attirer l'énergie positive, grossesse et émotions.

Pleine lune : Stabilité, foyer et questions familiales.

Élément : Eau.

Couleurs : Blanc, argent.

Encens: Damiana, sauge, aloès, grande camomille, bruyère, myrrhe, camomille, mélisse, laurier, persil.

Mélange pour encens du Cancer : Parties égales de camomille, de grande camomille, de bruyère et de myrrhe, avec quelques gouttes d'huile essentielle de myrrhe.

Lion

Général : Vitalité, le cœur, sentiments puissants, divertissements, occasions, fertilité, confiance en soi, courage, force, bonté, aptitude au commandement, faire venir l'argent (mais seulement s'il fait cruellement défaut).

Attention à l'égoïsme, à l'arrogance, à l'obstination et au harcèlement.

Nouvelle lune : Courage, force, pensée positive, réussite, loyauté, talents, jeux et générosité.

Pleine lune : Questions humanitaires, objectifs personnels, groupes.

Élément : Feu.

Couleurs : Or, jaune foncé, orange vif.

Encens : Oliban, tournesol, mélisse, camomille, estragon, cannelle, orange, gingembre, euphraise.

Mélange pour encens du Lion : Parties égales d'écorce d'orange séchée, de cannelle et d'oliban, avec quelques gouttes d'huile essentielle de gingembre.

Vierge

Général : Organisation, détail, santé, récolter ce qu'on mérite, remise en forme, équilibrer l'alimentation, purification, acquérir ou améliorer des compétences, garantir une bonne « récolte » pour un projet, analyse, choix logiques, précision et solutions.

Attention aux critiques, aux disputes, au contrôle et au manque de confiance.

Nouvelle lune : Résoudre des problèmes, information, choix, précision, travail intérieur et trouver les erreurs.

Pleine lune : Résoudre les problèmes, intuition et divination.

Élément : Terre.

Couleurs : Gris, vert, noir.

Encens : Mélisse, carvi, fenouil, bergamote, aneth, menthe, marrube, marjolaine.

Mélange pour encens de la Vierge : Parties égales de fenouil, menthe et marjolaine avec quelques gouttes d'huile essentielle de bergamote.

Balance

Général : Contrats, partenariat, amour, beauté, coopération, courtoisie, charme, éloquence, amitiés, apporter l'équilibre et l'harmonie dans vos relations, mariage, contrats d'affaire et accords, questions juridiques, justice, développer votre vie sociale, attirer l'amour dans votre vie.

Attention au jugement porté sur les autres, au manque de fiabilité, aux changements d'attitude et à la tendance au chaos.

Nouvelle lune : Arts, amour, amitié, histoires d'amour, coopération, communication et partenariats.

Pleine lune : Rencontres, décisions et justice.

Élément : Air.

Couleurs : Rose, vert pâle, mauve, bleu clair.

Encens : Rose, herbe à chats, baies de sureau, thym, millepertuis, lavande, menthe, benjoin, bergamote.

Mélange pour encens de la Balance : Parties égales de lavande, menthe et thym avec quelques gouttes d'huile essentielle de benjoin.

Scorpion

Général : Loyauté, propriété (mais attention aux soupçons et à la colère), questions qui exigent de la perspicacité, augmenter votre libido ou attirer l'amour passionné (mais attention, car les relations sous l'influence du Scorpion seront probablement transformatrices et pas toujours prévisibles !), guérison de l'esprit et des émotions, *scrying*, concentration, détermination, renaissance, transformation, sagesse, karma et instinct.

Attention aux secrets, aux mensonges, à la jalousie, aux soupçons, à l'absence de pardon, à la rancune et à la haine.

Nouvelle lune : Pouvoir, transformation, karma, instincts, lucidité, sagesse, faire cesser les commérages, émotions, fins, mort, renaissance et travail sur les vies antérieures.

Pleine lune : Énergie, ressources et transformation.

Élément : Eau.

Couleur : Rouge foncé.

Encens : Basilic, sauge, herbe à chats, coriandre, santal, thym, ortie.

Mélange pour encens du Scorpion : Parties égales de santal, thym et sauge, avec quelques gouttes d'huile essentielle de coriandre.

Sagittaire

Général : Philosophie, aventure, voyages, étude, honnêteté, imagination, voyage à longue distance, apprentissage, écriture et publication, religion et philosophie, générosité, foi, compréhension, espoir et optimisme.

Attention à l'absence de loyauté ou d'engagement, à la distance émotionnelle, à l'irresponsabilité et à une tendance à rejeter la faute sur les autres.

Nouvelle lune : Projets, talents, compréhension, espoir, foi, conscience et voyage.

Pleine lune : Connaissance et communication.

Élément : Feu.

Couleurs : Violet, bleu roi.

Encens : Bois de cèdre, sauge, basilic, bourrache, safran, muscade, santal, cerfeuil.

Mélange pour encens du Sagittaire : Parties égales de sauge, muscade et bois de cèdre, avec quelques gouttes d'huile essentielle de santal.

Capricorne

Général : Construction, règles et réglementations, discipline (ce qui peut être déprimant), questions de carrière, ambition, détermination, questions spirituelles, structure, auto-discipline, sincérité et organisation.

Attention au pessimisme, à l'anxiété, aux sentiments d'échec et à l'apitoiement sur soi-même.

Nouvelle lune : Autorité, écoles, épargnes, justice, promotion, ordre, auto-discipline et sciences.

Pleine lune : Foyer, école et restructuration magique.

Élément : Terre.

Couleurs : Noir, vert foncé, bleu foncé, indigo.

Encens : Myrrhe, romarin, estragon, carvi, camomille, molène, patchouli, consoude, sceau de Salomon, marjolaine.

Mélange pour encens du Capricorne : Parties égales de myrrhe, romarin et marjolaine, avec quelques gouttes d'huile essentielle de patchouli.

Verseau

Général : Inventions, vie sociale, objectifs futurs, technologie, science, faire naître et entretenir des amitiés, former des groupes, obtenir plus de liberté ou d'autonomie (mais attention à ne pas faire entrer d'énergies rebelles), développer l'intuition, l'indépendance, la perception et la débrouillardise, le détachement et pour surmonter la tendance à l'émotivité.

Attention aux pensées désorganisées, à l'égoïsme, au fait de ne pas finir ses projets, et aux idées préconçues.

Nouvelle lune : Indépendance, changement, amour, nouvelles idées, individualité et sciences.

Pleine lune : Courage, loyauté, commandement, estime de soi et indépendance.

Élément : Air.

Couleur : Bleu électrique.

Encens : Eucalyptus, consoude, romarin, fenouil, pin, trèfle, fenugrec, genêt, violette, valériane.

Mélange pour encens du Verseau : Parties égales de pin, romarin et fenouil, avec quelques gouttes d'huile essentielle de trèfle.

Poissons

Général : Questions spirituelles et psychiques (mais prenez garde à la confusion et à la tromperie), créativité, arts, soin, compassion, paix, dévouement, inspiration et empathie, stimuler ou développer les capacités psychiques ; laisser la vie s'écouler.

Attention au mécontentement, au déséquilibre émotionnel, aux secrets, à la dépression et au manque de concentration.

Nouvelle lune : Imagination, visualisation, travail sur les rêves, divination, compassion, paix, voir l'ensemble d'une situation.

Pleine lune : Travail sur les rêves, méditation et aide à autrui.

Élément : Eau.

Couleurs : Vert d'eau, bleu océan, gris brumeux, mauves et bleus perlés.

Encens : Sauge, basilic, mélisse, citron, racine d'orris, sureau, bourrache.

Mélange pour encens des Poissons : Parties égales de mélisse, d'écorce de citron séchée et de racine d'orris, avec quelques gouttes d'huile essentielle de citron.

DIX-SEPT – SYMBOLES DE LA LUNE

Il y a un grand nombre de symboles et de signes associés à la lune ; nous avons déjà parlé des animaux-totem, mais nous pouvons en ajouter bien d'autres :

Ailes : On représente parfois la Lune (et le Soleil) avec des ailes. Je pense qu'on peut y voir un lien avec les anges.

Argent : L'argent est un métal qu'on a souvent mis en relation avec la Lune. C'est peut-être en raison de sa couleur, de l'alchimie ou de ses propriétés magiques, ou de tout cela à la fois.

Bateaux : Les Égyptiens se servaient de barques célestes taillées comme symboles de la Lune et les Babyloniens appelaient la Lune le Bateau de Lumière.

Cercle : La pleine lune forme un disque et elle est souvent représentée comme un simple cercle. Il est possible également que certains anciens cercles de pierre aient été érigés pour représenter la forme de la Lune.

Chiens : On a souvent mis les chiens noirs en relation avec les énergies sombres de la lune.

Coquillage : J'associe les coquillages à l'eau et aux émotions, ce qui les relie également aux énergies de la Lune. J'ai sur mon autel un grand coquillage plat qui symbolise la pleine lune.

Cornes : Comme nous l'avons vu plus haut, le croissant formé par les cornes de taureau est associé à la Lune depuis une époque très reculée.

Croissant : La lune croissante et la lune décroissante sont souvent représentées sous la forme d'un croissant (on place un croissant de chaque côté d'un cercle pour représenter la triple lune). Si vous faites basculer le croissant sur son côté, vous obtenez les cornes du Dieu et on peut aussi retrouver sa forme sur les coiffes de nombreuses anciennes divinités de la Lune.

Faucille : Associée à la lune en raison de sa forme en croissant, elle aussi ; on représente souvent les druides avec une faucille.

Fer à cheval : Associé à la chance, mais aussi à la Lune, en raison de sa forme en croissant.

Grenade : Avec sa chair rouge, et son jus sucré collé à ses graines, la grenade est non seulement un symbole des morts, mais aussi de la Lune.

Grenouille : Cet animal est souvent associé à la Lune.

Grotte : Un espace sacré qui contient un arbre lunaire, où l'on vénère les divinités lunaires.

Miroir : Les miroirs arrondis sont souvent des images de la Lune.

Œil : L'œil sert très souvent en Égypte ancienne pour représenter la Lune.

Poisson : Le poisson sert parfois comme symbole de la Lune ; on peut peut-être le mettre en relation avec les sirènes.

Puits : Une autre connexion entre l'eau et la Lune.

Rosée : On associe souvent les gouttes de rosée à la Lune ; on dit que se laver le visage à la rosée du petit matin, juste après une pleine lune, fait ressortir la beauté.

Saule : Un arbre consacré à la Lune.

Spirale : Pensez à la façon dont une spirale s'enroule et se déroule, vers le haut ou vers le bas, vers l'intérieur ou vers l'extérieur ; c'est un écho des phases de la Lune.

Yin et Yang : Le symbole chinois de l'équilibre et de la dualité peut aussi représenter les phases lumineuse et obscure de la lune.

DIX-HUIT – LA LUNE À LA MAISON

Vous pouvez faire entrer le pouvoir de la Lune dans votre foyer au moyen de divers ornements et de décorations.

Inutile qu'ils soient très chers ; faites appel à votre créativité !

Les couleurs sont un bon point de départ. Les plus évidentes sont l'argent et, bien sûr, le blanc, mais le blanc et le bleu pastel rendent très bien avec des verts pâles et même du lilas. Vous pouvez vous en servir pour les murs, les coussins, tous les tissus d'ameublement, ou les bougies. Vous pouvez aussi ajouter divers objets en argent ou en cristal. Les décorations les plus évidentes sont des images la Lune et du ciel nocturne, ainsi que des images de la déesse.

Les fleurs blanches conviennent aussi très bien, ainsi que des encens et des huiles dont le parfum correspond aux phases de la Lune.

Toutes sortes de décorations aquatiques peuvent apporter de l'énergie lunaire dans votre foyer, comme un aquarium ou une petite fontaine d'intérieur, ou même des coquillages pour représenter l'eau.

Amusez-vous bien !

DIX-NEUF – JARDINER AVEC LA LUNE

Beaucoup de jardiniers, même s'ils ne font pas de magie, plantent et récoltent en fonction des phases de la Lune. On peut encore trouver de vieux almanachs qui indiquent quoi planter, et quand, en fonction des phénomènes astrologiques. Réfléchissez à quel point la Lune affecte la mer et ses marées ; elle doit aussi affecter la terre et la manière dont les choses poussent.

La lune croissante est bonne pour planter. Les fruits qu'on peut manger dès qu'on les a cueillis doivent être récoltés en lune croissante. La lune décroissante est bonne pour planter ce qu'on va récolter sous la terre comme les pommes de terre. La lune décroissante est bonne aussi pour tailler, désherber et récolter les produits que l'on va stocker.

Juste après la nouvelle lune, plantez les légumes feuillus et les graines.

Les activités de jardinage à faire en lune croissante comprennent le rempotage des boutures et des plantes d'intérieur et la cueillette des plantes aromatiques, des fruits et des légumes qu'on consomme immédiatement.

À la pleine lune, plantez des légumes comme les tomates, les poivrons et les oignons (et toutes sortes de fruits et de légume de nature « aqueuse »). Mettez aussi de l'engrais sur vos plantes à la pleine lune.

Juste après la pleine lune, plantez des tubercules comme les carottes et les pommes de terre, ainsi que les plantes bisannuelles et vivaces.

En lune décroissante, commencez un tas de compost, désherbez, taillez et élaguez, cueillez les fruits, les fleurs, les plantes aromatiques et les légumes que vous allez conserver.

À l'approche de la lune sombre, coupez le bois, et pulvérisez tous vos arbres fruitiers (de préférence, avec des produits qui ne présentent aucun risque pour l'environnement).

Vous pouvez ensuite tenir compte des diverses catégories selon les signes astrologiques ; vous trouverez ci-dessous une liste de chaque type d'énergie, stérile, productive, semi-fertile ou fertile :

Lune en Bélier : Stérile.

Lune en Taureau : Productive.

Lune en Gémeaux : Stérile.

Lune en Cancer : Fertile.

Lune en Lion : Stérile.

Lune en Vierge : Stérile.

Lune en Balance : Semi-fertile.

Lune en Scorpion : Fertile.

Lune en Sagittaire : Stérile.

Lune en Capricorne : Productive.

Lune en Verseau : Stérile.

Lune en Poissons : Fertile.

Voici d'autres conseils utiles :

Plantes au-dessus du sol : Ce sont les plantes dont les produits poussent au-dessus du sol ; il faut les semer entre le lendemain de la nouvelle lune et le premier quartier, de préférence quand la Lune est dans un signe astrologique fertile ou semi-fertile.

Plantes annuelles : Plantez-les entre le lendemain de la nouvelle lune et la veille du premier quartier, de préférence quand la Lune est dans un signe astrologique fertile ou semi-fertile.

Plantes sous le niveau du sol : Ce sont les plantes dont les produits poussent sous la terre. Il faut les planter le lendemain de la pleine lune, de préférence quand la Lune est dans un signe astrologique fertile ou semi-fertile.

Bisannuelles et vivaces : Cette catégorie comprend les arbustes et les arbres. Commencez à les planter le lendemain de la pleine lune et jusqu'à la veille du dernier quartier, de préférence quand la Lune est dans un signe astrologique fertile ou semi-fertile.

Collecte des graines : Il vaut mieux la faire à la pleine lune, quand la Lune est dans un signe astrologique de Feu ou d'Air, comme le Bélier, le Lion, le Sagittaire, la Balance, les Gémeaux ou le Verseau.

Récolte : Vous pouvez cueillir en début de soirée les fleurs et les petits produits du jardin dont vous allez vous servir tout de suite en magie. Si vous voulez faire sécher et conserver les fleurs et les plantes aromatiques, coupez-les en milieu de matinée, après l'évaporation de la rosée. Il vaut mieux récolter les fruits et les légumes en lune décroissante et quand la Lune est dans un signe stérile ou semi-stérile de Feu ou d'Air comme le Bélier, le Lion, le Sagittaire, la Balance, les Gémeaux ou le Verseau.

VINGT – CORDONS DE LUNE

On peut « recueillir » et conserver l'énergie de la Lune en fabriquant un cordon de Lune. On fabrique ce cordon pendant une phase particulière de la Lune ; on emprisonne son énergie dans chaque nœud et on la conserve jusqu'à ce qu'on en ait besoin. Ainsi, quelle que soit la phase de la Lune, vous avez toujours à votre disposition l'énergie lunaire dont vous avez besoin pour votre sort. Bien sûr, il est plus facile (et préférable) de pratiquer votre opération au cours de la phase lunaire appropriée ; mais parfois, ce n'est tout simplement pas possible, donc si vous avez préparé des cordons de Lune, vous n'avez pas besoin d'attendre.

Pour faire un cordon de Lune, prenez environ 60 cm de laine, de ficelle, de cordon ou de fil. Il est utile d'avoir des cordons de couleurs différentes, afin de pouvoir utiliser une couleur pour chaque phase de la lune, ce qui vous permettra de les identifier par la suite. Vous devez être capable de voir et de sentir la Lune pour faire votre cordon. Ici, vous avez le choix : vous pouvez tracer un cercle complet, si vous voulez ; ou tout simplement allumer une bougie et invoquer une divinité lunaire appropriée et lui demander de mettre son pouvoir à votre disposition. Faites face à la Lune et levez votre cordon vers elle. Vous pouvez prononcer des paroles préparées à l'avance, ou juste demander ce dont vous avez besoin : que le pouvoir de cette phase particulière de la Lune soit attiré dans votre cordon, pour y être préservé jusqu'à ce que vous en ayez besoin.

Vous pouvez aussi vous servir du sort suivant :

Un nœud, j'en fais un, voici, c'est certain,

Des nœuds, j'en fais deux, comme je le veux,

Des nœuds, j'en fais trois, cela, je le vois

Des nœuds, j'en fais quatre, et ce sort va croître,

Des nœuds, j'en fais cinq, le pouvoir s'en vient,

Des nœuds, j'en fais six, magie créatrice

Des nœuds, j'en fais sept, voici ma recette

Des nœuds, j'en fais huit, qu'il en soit ainsi

Des nœuds j'en fais neuf, un destin tout neuf.

Tout en visualisant le pouvoir entrer dans votre cordon, commencez à faire des nœuds ; vous devrez en faire neuf au total, équidistants les uns des autres. Si vous ne vous servez pas de l'incantation ci-dessus, il est bon de nouer votre dernier nœud en disant « qu'il en soit ainsi ».

Remerciez la divinité et la Lune pour leurs énergies.

Gardez bien le cordon. Quand vous aurez besoin de l'énergie de cette phase lunaire particulière, mettez-le sur votre autel, autour de votre bougie ou de l'endroit où vous lancez votre sort.

Il y a deux écoles de pensée sur la façon de se servir de ce cordon. Vous pouvez soit continuer de vous en servir, et le recharger à la prochaine phase de la Lune, ou bien défaire l'un des nœuds à chaque fois que vous aurez besoin de son énergie, pour la « libérer », et recharger le cordon une fois que vous aurez défait tous les nœuds.

VINGT ET UN – CHARMES LUNAIRES

Vous pouvez faire toutes sortes de charmes pour rendre hommage aux énergies lunaires ou travailler avec elles, dont de petites bouteilles ou des sachets-médecine remplis de plantes, de cristaux et d'huiles qui correspondent à la Lune. Même un petit coquillage ou un cristal tout simple, que vous porterez dans votre poche, fonctionnera très bien si vous l'avez chargé de l'énergie de la Lune.

Plantes et huiles associées à la Lune :

Aloès : Protection et chance.

Botryche : Argent et amour.

Camélia : Argent et prospérité.

Camphre : Santé et divination.

Chèvrefeuille : Argent, pouvoirs psychiques et protection.

Chou : Chance.

Citron : Purification, amour et amitié.

Concombre : Guérison et fertilité.

Coquelicot : Fertilité, amour, sommeil, argent et chance.

Coton : Chance, guérison et protection.

Eucalyptus : Guérison et protection.

Fleur de la passion : Paix, sommeil et amitié.

Fucus vésiculeux : Protection, la mer, le vent, argent, pouvoirs psychiques.

Gardénia : Amour, paix, guérison et spiritualité.

Jasmin : Amour, argent et rêves.

Laitue : Protection, amour, divination et sommeil.

Lotus : Protection.

Lys : Protection.

Mauve : Amour, protection et exorcisme.

Mélisse : Amour, réussite et guérison.

Melon : Guérison, purification, amour et changements.

Monnaie-du-Pape : Argent et protection.

Mouron des oiseaux : Fidélité et amour.

Mousse : Chance et argent.

Myrrhe : Protection, exorcisme, guérison et spiritualité.

Noix de coco : Protection et purification.

Pêche : Amour, exorcisme, fertilité et souhaits.

Pomme de terre : Guérison.

Raisin : Fertilité, pouvoirs mentaux et argent.

Santal : Protection, souhaits, guérison, exorcisme et spiritualité.

Sauge sclarée : Protection, amour et visions.

Saule : Amour, protection et guérison.

Cristaux associés à la Lune

Agate à dentelle bleue : Maternité, soulager le stress, énergie, paix, clairaudience et divination.

Aigue-marine : Voyage, guérison, purification, communication, intuition, conscience psychique, méditation et clairvoyance.

Améthyste : Amour, intégrité, soulager le stress, guérison, addictions, patience, sommeil paisible, protection psychique, pouvoirs psychiques et restauration de l'énergie.

Angélite : Secrets, vérité, compassion, paix, tranquillité, communication avec les anges et accroissement de la conscience.

Azurite : Rêves, guidance, sagesse intérieure, pouvoirs psychiques, guérison, communication, visions et connexions spirituelles.

Béryl : Protection, sympathie, bonheur et sincérité.

Calcédoine bleue : Renaissance, bonne fortune, protection, sens pratique, apprentissage, stress, communication psychique et protection contre les attaques psychiques.

Calcite bleue : Protection, négociations, confiance en soi, *scrying*, souhaits et méditation.

Célestite : Méditation, équilibre, harmonisation, lucidité, écriture, communication, travail spirituel, rêves, harmonie et espoir.

Jade : Guérison, bonne fortune, prospérité, amitié, chasse la négativité, travail sur les rêves.

Lapis lazuli : Apaisant, contentement, loyauté, intégrité, confiance, magie nocturne, protection psychique et travail sur les rêves.

Lépidolite : Sommeil paisible, soulager la douleur, messages, soutien, purification, travail psychique, négativité.

Nacre : Secrets, grossesse, maternité, prospérité, magie de la mer et souhaits.

Opale : Transformation, estime de soi, confiance en soi, créativité, justice, protection, harmonie, séduction, émotions et karma.

Perle : Harmonie, mystères féminins, amour spirituel et romantique.

Pierre de lune : Pierre des déesses de la Lune, guérison, intuition, rêves, tension, sommeil paisible, protection pour les voyageurs, aptitudes psychiques, divination et prophétie.

Quartz : Santé, richesse, bonheur, optimisme, toutes sortes de guérison, purification, dynamisation, harmonie, absorbe l'énergie négative, pouvoirs psychiques.

Saphir : Guérison spirituelle, *channeling*, loyauté, engagement, pouvoirs psychiques, clairvoyance, clairaudience et prophétie.

Sélénite : Nommée pour la déesse de la Lune Séléné, enchantement, rituel, fertilité, maternité, partenariats, communication, chasser la peur, communication psychique.

Amulette de cristal de la Lune

Vous pouvez utiliser dans ce but n'importe quel cristal ou n'importe quelle pierre roulée qui vous plaît ; suivez votre intuition et choisissez la pierre qui résonne avec vous et qui vous fait ressentir une connexion avec la Lune.

Si possible, faites ceci en extérieur, sous la Lune, ou à une fenêtre éclairée par la lumière de la Lune. Saupoudrez de sel le cristal que vous avez choisi, puis passez-le dans la fumée d'un encens pour le purifier. Ensuite, faites passer très prudemment le cristal au-dessus d'une flamme de bougie, et pour finir, aspergez-le d'eau de pleine lune.

Chargez le cristal de votre intention, par exemple, protection, force ou courage, en vous servant du pouvoir de la lumière lunaire.

Portez-le sur vous, dans une petite pochette, votre porte-monnaie, ou une poche.

VINGT-DEUX – DIVINATION LUNAIRE

La pleine lune, en particulier, est un excellent moment pour pratiquer la divination, tout comme la lune sombre. Le pouvoir de la Lune dynamise vos sens psychique. La pleine lune permet l'éveil de votre créativité et de votre imagination et la lune sombre est un bon moment pour réfléchir sur votre soi intérieur.

J'ai déjà mentionné quelques idées dans ce livre ; mais la divination, ça peut être quelque chose d'aussi simple que de prendre un bol dont la surface interne est de couleur sombre, le remplir d'eau et regarder la Lune se refléter dedans. Vous pouvez aussi faire tomber une pièce d'argent au fond du bol pour renforcer votre lecture ; ou répandre à la surface de l'eau quelques fragments d'herbes aromatiques ou quelques gouttes d'encre, pour faciliter la formation d'images.

Le *scrying*, ou clairvoyance, est l'art de voir des images sur une surface, comme un bol d'eau, un étang, un miroir noir ou une boule de cristal. On appelle ce genre d'objets des speculums (ce qui est le mot latin pour miroir ; ne pas confondre avec l'instrument médical du même nom !). John Dee, mathématicien, astrologue et magicien de l'époque élisabéthaine, s'est servi de nombreux appareils de *scrying*, dont ce qu'il appelait des « pierres de vision » : des objets polis, translucides ou réfléchissants, souvent faits d'obsidienne, dont il se servait pour ses recherches.

Les vraies boules de cristal sont incroyablement chères, mais j'ai eu de bons résultats avec des globes de verre plus petits et moins chers. Installez-vous dans un endroit calme ; j'aime aussi allumer une bougie. Ancrez-vous et centrez-vous, puis plongez votre regard dans le cristal sans rien fixer de particulier. Laissez juste les images et les formes venir à vous.

Un miroir noir est aussi un speculum intéressant ; on peut en faire un facilement en se servant d'un cadre de photo, ou d'un vieux miroir, et en peignant le dos du verre à la peinture noire. Pratiquez le *scrying* avec votre miroir noir comme vous le feriez avec une boule de cristal.

Assurez-vous d'être calme et détendu. Laissez votre esprit dériver... Ne vous inquiétez pas si vous ne voyez pas grand-chose en essayant pour la première fois. Faites une pause et réessayez plus tard. Lorsque vous aurez trouvé le truc, vous serez en mesure de poser des questions spécifiques. Il est utile d'avoir de quoi écrire à portée de main, pour noter toutes les images ou les formes que vous voyez ; elles n'auront pas forcément de sens pour vous à ce moment-là, mais elles en auront peut-être plus tard.

La radiesthésie est une autre forme de divination qui fonctionne bien à la pleine lune. On peut la pratiquer comme les anciens sourciers, avec deux baguettes de noisetier, pour trouver de l'eau ou des lignes Ley, mais aussi avec un pendule. On trouve beaucoup de très beaux pendules à vendre dans des boutiques et sur internet, mais vous pouvez aussi en faire un très facilement. Tout ce qu'il vous faut, c'est une longueur de ficelle, de cordon ou de chaîne et quelque chose d'assez petit mais d'assez lourd à y suspendre ; il peut s'agir d'une pierre trouée, d'un coquillage, d'un petit morceau de bois, ou même d'une alliance !

Vous constaterez aussi que vous n'arriverez pas forcément à vous connecter avec n'importe quel type de pendule ; certains fonctionneront pour vous, d'autres non. Il vous faudra les essayer pour le savoir. Quand vous vous procurez, ou quand vous fabriquez un nouveau pendule, il est aussi utile de le porter avec vous pendant un moment, et/ou de le mettre sous votre oreiller, pour qu'il s'harmonise à votre énergie. Il est aussi utile de purifier et de charger régulièrement votre pendule, en le laissant exposé à la lumière de la Lune dehors si vous pouvez le faire sans risque, sinon, sur un appui de fenêtre intérieur.

Commencez à travailler avec votre pendule en lui posant des questions simples, comme « donne-moi un oui » et « donne-moi un non », pour savoir dans quel sens il va se balancer pour vous donner ses réponses.

Faites des essais avec des questions, pour savoir comment il fonctionne, et comment il réagit à vous. N'oubliez pas de poser des questions simples et directes ; n'embrouillez pas votre pendule !

J'ai aussi constaté qu'il était utile de remercier mon pendule quand il m'avait donné une réponse ; il arrête alors de se balancer, pour que je puisse passer à la question suivante.

VINGT-TROIS – FÉES, ANGES ET LOUPS-GAROUS

Les fées de la Lune

Chacun perçoit les fées à sa façon ; mais pour moi, une fée de la Lune est un esprit de la nature à l'aspect particulièrement éthéré. Elles sont (et toutes celles que j'ai rencontrées étaient féminines) d'une pâle beauté, parfois presque transparentes. On ne les voit que la nuit et elles sont particulièrement discrètes. J'ai vraiment le sentiment que voir ou rencontrer une fée de la Lune est un signe de chance.

Mais soyez prudent : comme toutes les fées, elles ont un côté sombre, et si vous croisez le regard d'une fée de la Lune, elle peut vous y emprisonner…

Les anges de la Lune

Il y a de nombreux êtres angéliques associés à la Lune ; en fait, il y en a presque autant qu'il y a de jours du mois…

Les anges associés à la Lune comprennent : Geniel, Enediel, Anixiel, Azariel, Gabriel, Dirachiel, Scheliel, Amnediel, Barbiel, Ardifiel, Neciel, Abdizuel, Jazeriel, Ergediel, Atliel, Azeruel, Adriel, Egibiel, Amutiel, Kyriel, Bethnael, Geliel, Requiel, Abrinael, Aziel, Tagriel, Atheniel et Amnixiel.

Les loups-garous

Il fallait que je dise quelque chose des loups-garous, car ils sont toujours associés à la Lune. Le nom savant pour une personne qui se transforme en loup à la pleine lune est lycanthrope. Au Moyen Âge, si vous étiez soupçonné d'être un loup-garou, on vous condamnait à être brûlé vif. Selon les légendes, on peut naître loup garou à cause d'une malédiction lancée sur vous, ou sur votre mère pendant sa grossesse ; ou bien, on peut le devenir suite à une morsure par un autre loup-garou ; elles disent aussi que certains magiciens peuvent changer de forme à volonté. Il y a aussi des légendes qui parlent de déesses et de dieux qui pouvaient se transformer en loup.

Bien sûr, Hollywood s'est emparé de cette légende et en a retiré une véritable fortune. Il est vraiment dommage que le loup apparaisse sous un si mauvais jour dans cette légende, car en réalité, c'est un animal social et très intelligent !

Je pense que la légende du loup-garou nous parle de transformation intérieure ; le pouvoir de la pleine lune est si grand qu'il permet cette transition, et le loup-garou est en fait la partie brute, animale, de notre psyché… ou peut-être que les loups-garous existent vraiment…

VINGT-QUATRE – BRICOLER AVEC LA LUNE

Fabriquer une bougie lunaire

Si vous êtes bricoleur, vous pouvez vous amuser à faire vos propres bougies ; mais gare au désordre ! On vend aussi dans les boutiques d'art et loisirs d'assez bons kits de fabrication de bougie. Mais vous pouvez toujours acheter une bougie toute prête et la décorer vous-même.

Pour une bougie lunaire, je choisirais le blanc, pour représenter la lune ; mais vous pouvez aussi adapter la couleur aux phases de la Lune : blanc pour la lune croissante, rouge pour la pleine lune, noir pour la lune décroissante. À vous de choisir.

Les bougies pilier sont parfaites pour accueillir des décorations, car elles vous offrent une plus grande surface. Vous pouvez y peindre des images lunaires, y coller des croissants de Lune découpés, les entourer de rubans, les habiller d'une huile lunaire, et les rouler dans des herbes aromatiques broyées, ou graver dans la cire des symboles lunaires ; faites jouer votre créativité !

Mobile de la Lune

Vous pouvez acheter des cercles de fil de fer dans un magasin d'art et loisirs, ou si vous avez beaucoup de patience, et assez de force, vous pouvez couper un cintre en métal et le plier pour lui donner une forme circulaire. Recouvrez votre cercle de ruban que vous entourerez tout autour. Puis, attachez trois longueurs de ruban ou de cordon argenté, à égale distance les uns des autres, et laissez-les pendre. Ajoutez ensuite tous les symboles, les perles ou les petits objets que vous souhaitez. Les coquillages conviennent très bien, car ils ont un lien avec la Lune, mais aussi des cristaux scintillants ou de petits morceaux de miroir. Vous pouvez aussi découper des images dans du carton argenté, peut-être en forme de votre animal-totem lunaire, ou simplement en forme de croissant de Lune.

VINGT-CINQ – LA CARTE DE TAROT DE LA LUNE

L'un des arcanes majeurs du tarot s'appelle La Lune ; vous pouvez mettre cette carte sur votre autel, ou vous en servir pour des sorts. Vous avez peut-être votre propre interprétation de cette carte, mais voici quelques-unes de mes réflexions sur ses significations :

- Illusion, inframonde, émotions ;
- Quelque chose fait obstacle à votre lumière ;
- Traversez le portail et vous trouverez des réponses ;
- Voiles d'illusion, mystère ;
- Lutte avec le conscient ;
- Tentations, prudence ;
- Seuils ;
- Superstition ;
- Occupez-vous des domaines de votre vie qui requièrent votre attention pour trouver lucidité et réponses ;
- Seuil d'une nouvelle expérience ou d'une nouvelle période de votre vie ;
- Quelquefois, il faut regarder les aspects les plus sombres de sa personnalité pour comprendre et aller de l'avant ;
- Écoutez, et cherchez une guidance ;

- Vous devez peut-être affronter certaines vérités gênantes sur vous-même, ce n'est peut-être pas ce que vous voulez, mais c'est nécessaire ;
- Est-ce que vous refusez de voir quelque chose ?
- Cette carte me parle absolument d'illusion et de mystère, et d'affronter sa part d'ombre.

Sort de la carte de tarot de La Lune – Connaissance

Ce sort sert à puiser dans votre subconscient pour y trouver la connaissance.

Matériel nécessaire :

- Trois cartes du tarot : La Lune, La Grande Prêtresse et L'Hermite.

Disposez les cartes dans l'ordre de gauche à droite. Pour commencer, asseyez-vous tranquillement et regardez la carte de La Lune ; étudiez-la en détail, en voyant vraiment chacun de ses éléments. Réfléchissez à la manière dont elle est reliée à votre subconscient, à votre imagination, à votre inspiration, à vos rêves et à votre intuition. Puis, passez à La Grande Prêtresse ; réfléchissez à votre désir de rechercher la connaissance et la sagesse, peut-être d'avoir la révélation d'un mystère. Enfin, regardez la carte de L'Hermite ; imaginez que vous êtes le personnage de l'image, qui tient bien haut une lanterne pour éclairer l'inconnu, pour illuminer la connaissance que vous cherchez.

Quand vous avez terminé votre visualisation, allumez une bougie (le bleu ou le violet conviennent très bien ; mais choisissez une couleur qui vous attire). Regardez la flamme de la bougie et demandez au divin de vous accorder l'accès à la connaissance cachée que vous voulez trouver.

Restez assis aussi longtemps que vous le pouvez, à regarder la flamme de la bougie et à méditer sur les trois cartes du tarot. Quand vous êtes prêt, éteignez la bougie. Faites attention aux signes et aux symboles au cours de la journée, ou si vous lancez ce sort dans la soirée, notez bien vos rêves.

Sort de la carte de tarot de La Lune – Culpabilité

Ce sort se sert de la carte de La Lune pour se débarrasser d'émotions négatives et de vieux sentiments de culpabilité qui ont tendance à s'accrocher à nous et à nous gêner.

Matériel nécessaire :

- Trois cartes du tarot : La Lune, Le Jugement et Le Monde ;
- Une bougie blanche ;
- Un morceau de papier et un stylo ;
- Un chaudron ou un plat résistant au feu.

Assurez-vous que vous avez tous les objets nécessaires à portée de main et installez-vous confortablement.

Mettez devant vous la bougie blanche et allumez-la. À sa lumière, écrivez sur le papier toutes les émotions et tous les problèmes qui vous angoissent, tous les vieux sentiments de culpabilité et les pensées négatives. Prenez le temps qu'il vous faut.

Ensuite, posez la carte de La Lune. Tout en pensant aux mots que vous avez écrits, réfléchissez à la douleur qu'ils vous causent et à la façon dont ils alourdissent votre énergie. Prenez conscience du fait que vous devez laisser aller ces énergies ; vous ne pouvez pas modifier ce qui est arrivé dans le passé et les énergies négatives que vous avez créées ne vous font certainement aucun bien.

Quand vous sentez le besoin de libérer ces énergies négatives, froissez le morceau de papier qui porte votre liste et allumez-le à la flamme de la bougie, puis déposez-le dans le chaudron et laissez-le brûler.

En regardant le papier brûler, posez devant vous la carte du Jugement. Voyez-la comme votre transformation, votre renaissance. Demandez au pouvoir de la flamme de la bougie de vous purifier. Le pouvoir du feu peut purifier, libérer et restaurer.

Posez ensuite devant vous la carte du Monde. Cette carte vous représente en train de récupérer votre puissance, de remplacer l'énergie négative par une énergie positive. Vous êtes rafraîchi, renouvelé et transformé.

Quand vous êtes prêt, éteignez la bougie et enterrez le reste de cire avec les cendres du papier.

ET POUR FINIR…

Elle est si puissante, si merveilleuse… Quand vous aurez commencé à travailler avec la Lune et avec ses phases, toute une nouvelle façon de penser et de faire de la magie va s'ouvrir à vous…

BIBLIOGRAPHIE

Cunningham's Encyclopaedia of Magical Herbs, par Scott Cunningham.

A Complete Guide to Night Magic, par Cassandra Eason.

Healing Crystals, par Cassandra Eason.

Advanced Witchcraft, par Edain McCoy.

Solitary Witch, par Silver Raven Wolf.

Tarot Spells, par Janina Renee.

Power de la lune, par Teresa Moorey.

Moon Magic, par DJ Conway.

Avez-vous aimé La magie de la lune ?

Si vous avez aimé ce livre, nous aimerions vous demander une petite faveur en retour. L'écriture d'un ouvrage représente des mois d'écriture et souvent de longues années de travail en amont pour acquérir les connaissances nécessaires. C'est pourquoi, si vous le voulez bien, nous vous serions reconnaissants de prendre quelques minutes pour parler de ce livre autour de vous, à vos amis, à vos libraires, sur les forums, blogs, sites web, pages, réseaux sociaux, etc., mais aussi pour laisser un avis sur les sites de vente en ligne.

Vos commentaires participent beaucoup à la visibilité du travail de nos auteurs, mais les aident (et nous aident) aussi à mieux cerner vos attentes, à apporter des améliorations à leur travail et à écrire des ouvrages sur d'autres sujets qui pourraient vous intéresser.

Un livre ne vit et n'existe que lorsqu'il se partage et devient accessible à d'autres. Or, cela ne peut se faire que s'ils en entendent parler. Voilà pourquoi votre participation est aussi importante, et pourquoi nous nous en remettons à vous.

Ouvrages du même éditeur

Fabriquer vos bougies magiques

AUTEUR : EMBER GRANT

Souhaitez-vous ajouter une touche de magie à votre chemin spirituel et illuminer votre maison d'une lumière spéciale et chaleureuse ?

La fabrication de bougies est un moyen simple et puissant d'insuffler votre énergie à votre pratique et à votre vie.

Rempli de recettes créatives de bougies et de sorts, ce livre est un guide ludique et pratique pour la fabrication de bougies magiques à l'aide d'objets peu coûteux et faciles à trouver. mber Grant vous guidera à travers chaque étape, du mélange de la cire au ıoix des ingrédients magiques les plus puissants pour charger votre bougie et i donner son but.

pprenez à confectionner des bougies pour des rituels spécifiques aux éléments, ıx jours de la semaine, aux chakras, aux phases de la Lune, aux planètes et tous les sabbats de la roue de l'année. Découvrez comment confectionner s bougies pour la prospérité, l'amour, la romance, la guérison, l'inspiration et ıacun de vos objectifs.

ous y trouverez également :

Des idées de design et de décoration inspirantes

Des recettes pour la méditation, le rajeunissement, l'enracinement et l'amélioration de l'humeur

Des suggestions d'herbes, d'huiles essentielles, de cristaux, de chants, de symboles et d'autres correspondances utiles

ⓘ *Broché 15 x 21 - Illustrations N&B - 242 pages*

Magie verte

Auteure : Ann Moura

Découvrez une pratique fondée sur les pouvoirs de la nature, la magie des élémentaux, de la Terre Mère et du dieu cornu. Dédié à l'étoile et la pierre, à l'eau et au vent, le praticien de la magie verte respecte les pouvoirs et les esprits de la nature, et sait comment travailler avec leurs énergies pour atteindre ses objectifs magiques.

Ce guide complet de Magie Verte se concentre spécifiquement sur les pratiques magiques naturelles et présente des informations que l'on ne trouve dans aucun autre livre. Soyez à l'écoute de la nature et de votre propre pouvoir magique grâce à de nombreuses informations et instructions sur :

- Comment créer et jeter des sorts
- La différence entre l'objectif d'un sort et son fonctionnement pour y parvenir
- Comment déplacer l'énergie grâce à des gestes
- Étapes du flux d'énergie en magie
- Types de sorts dans la tradition verte
- Psychologie de la Magie Verte
- Comment accéder aux énergies présentes au sein des objets naturels

Broché 15 x 21 - Illustrations couleur - 268 pages

Herbier des Sorcières

AUTEURE : HAGEL

Un herbier, c'est construire une méditation continue sur notre place dans la nature et notre rapport à celle-ci. C'est réapprendre les gestes ancestraux, les quêtes de savoir, ce que la nature nous offre.
C'est refaire le chemin des sorcières des temps anciens : comprendre les plantes, apprendre à les utiliser au quotidien.
N'est-ce pas là la magie véritable ? L'harmonie avec notre environnement ? Reconnectez-vous à vos sources intérieures avec les plantes.

Hagel, auteure de La Médiumnité, est spécialisée en anthropologie, sociologie de l'ésotérisme et des spiritualités. Pratiquante de la magie, pandéiste, elle aime comprendre et explorer les différentes spiritualités païennes européennes au travers de la théorie, de la pratique et de l'écriture.

ⓘ *Broché 15 x 21 - Illustrations couleur - 174 pages*

Dépôt légal : mai 2019 N° imprimeur : 091964172-00

Imprimé en France par Présence Graphique - Monts.